서울역사구술자료집 17

서울 물 만드는 사람들의 숨은이야기

서울시 상수도 공무원들의 회고

일러두기

1 이 자료집은 2020년 '서울시정과 공무원들(상하수/방재)'이라는 주제로 채록된 4건의 구술녹취문 중 핵심 내용을 발췌하여 편집하였다.

2 이 자료집은 각 구술자들로부터 자료이용 및 도서발간에 대한 동의를 받은 후에 발간하였다.

3 이 자료집은 독자들이 쉽게 읽고 이해할 수 있도록 구술 내용을 크게 훼손하지 않는 범위 내에서 편집자가 편집·정리하였다. 면담자의 질문은 본문 중 글씨체를 달리하여 표시하였다.

4 구술 내용 중 구술자의 본능적인 놀람이나 느낌, 부름, 응답 따위를 나타내는 감탄사와 반복되는 단어들은 생략하였다.

5 구술 내용 중 사실을 재확인하거나 독자의 이해를 돕기 위해 설명이 필요한 부분은 각주를 달아 표시하였다.

6 본문 중 구술적 성격을 표시하기 위한 편집기호들은 다음과 같다.

" "	구술 내 인용문
( )	사투리나 잘못된 외래어 등을 표준어로 고친 것, 문맥상 지시어나 설명
……	구술이 중단되거나 구술자가 틈을 두고 이야기할 때
!	구술자가 감탄할 때
(중략)	구술이 이어지지 않고 앞뒤에서 생략되었을 때

7 숫자는 천 단위로 쉼표를 넣었다.

예) 100만 5,678명, 3,500명 등

서울역사구술자료집 ⑰

서울 물 만드는 사람들의 숨은이야기

서울시 상수도 공무원들의 회고

서울역사편찬원

발간사

서울역사편찬원에서는 2009년부터 구술채록사업을 실시하고 있습니다. 구술채록의 목적은 서울시민과 공무원들의 다양한 체험과 기억을 채록·정리하여 문헌사료의 제약과 공백을 보완하는 한편, 훗날 서울역사연구를 위한 자료를 다양하고 풍부하게 생산하는 데에 있습니다. 그중 흥미롭고 유익한 자료를 발췌·편집하여 《서울역사구술자료집》이라는 책자로 시민 여러분께 돌려드리고 있습니다.

구술자료집은 시민들이 쉽고 친근하게 접할 수 있는 책입니다. 다소 딱딱하거나 지루한 주제라도 현장에서 직접 활동했던 사람들의 목소리로 들을 때는 좀 더 생생한 역사의 숨결을 느낄 수 있습니다. 그렇지만 개인의 삶은 주관성을 띠게 마련이며, 그것을 재현해 낼 때 일부 왜곡을 피할 수 없습니다. 문헌자료도 마찬가지입니다. 그렇기에 역사가들은 엄격한 사료 비판을 거칩니다. 구술도 역사 자료로 활용할 때에는 더 엄격하게 검증과 사료 비판을 거쳐야 할 것입니다.

독자는 구술자가 특정 사안을 어떠한 방식으로 기억하고 이야기하는가에 주목하시면 좋을 듯합니다. 구술자가 어떤 부분을 의도적으로 강조하는지 혹은 은폐하는지, 그 행간에 가려진 목소리를 들으신다면 구술자와의 쌍방향 소통을 체험하실 것입니다. 또한 공식화된 기억 너머, 구술자 고유의 체험과 목소리를 들으실 수 있으실 겁니다.

이번에 출간하는 《서울역사구술자료집》은 서울의 상수도 건설과 운영을 담당했던 공무원들의 이야기입니다. 1980년대까지만 해도 고지대에 살았던 우리네 어머니들은 공동수도나 급수차 앞에서 물통을 가지고 줄을 서서 기다렸습니다. 수돗물 부족은 언제나 신문 지면을 장식했습니다. 수돗물 문제를 해결하기 위해 서울 곳곳에는 크고 작은 배수지들이 만들어졌습니다. 가정으로 이어지는 수도관 공사도 밤낮으로 이어졌습니다. 오늘날 세계적인 도시로 발전한 서울은 이러한 인프라 확충의 역사가 있었습니다. 즉 현대 서울의 역사 속에는 상수도의 발전과 변화하는 모습이 반영되어 있다고 하겠습니다. 본 구술자료집은 그러한 상수도 업무를 담당했던 4명의 구술을 담았습니다. 이 책을 통해 당시 상수도 계획 수립과 운영 그리고 건설 현장에서 활약했던 공무원들의 모습을 생생히 엿볼 수 있을 것입니다.

마지막으로 구술에 참여해 주신 여러분과 구술채록사업을 진행해주신 면담책임자와 구술채록 과정에서 많은 도움을 주신 관계자 여러분, 자료집의 편집과 발간을 진행한 서울역사편찬원 연구원들의 노고에 깊이 감사드립니다.

2023년 10월

서울역사편찬원장 **이 상 배**

발간사 004

이야기를 시작하며 008

김정수

청계천 헌책방에서 책을 찾아서
상수도 공부를 했어요

018

김의재

수도관 인입공사 정액제 덕분에
재정적으로 혁명이 왔죠

072

차 례

김홍석

수도기술의 기본은
선입선출입니다

116

진익철

제일 안전한 물은
아리수예요

216

이야기를 시작하며

서울의 상수도는 대한제국시기였던 1903년 미국인 콜브란과 보스트윅이 허가권을 얻으면서 본격적으로 도입되었다. 이후 1908년 최초의 정수장인 뚝도정수장이 준공되었고 12만 5,000명에게 하루 1만 2,500㎥의 급수를 시작했다. 일제강점기에 들어서면서 구의정수장과 노량진정수장이 건설되는 등 상수도 보급이 늘어났다. 물론 일제강점기의 이러한 혜택은 주로 일본인들이 받았다.

광복과 6·25전쟁을 겪으면서 서울의 인구는 급증하였다. 서울에는 월남민과 피난민들이 몰려들었다. 1963년 서울시는 늘어나는 인구를 기존 행정구역 내에서 수용하기 어렵다고 판단하였고, 시 주변까지 행정구역을 대폭 확장하였다. 하지만 서울로 몰려드는 인구는 지속적으로 증가하였다. 1960~1970년대 산업화를 거치면서 증가율은 더욱 높아졌다.

이러한 서울의 인구 증가는 필요한 생활 인프라의 부족으로 이어졌다. 교통과 주택 등 문제를 해결하기 위해 서울 곳곳은 언제나 공사가 한창이었다. 이 시기 "불도저"라고 불리었던 김현옥 시장, "두더지"라고 불리었던 양택식 시장, "황야의 무법자"라고 불리었던 구자춘 시장, 이들에게 붙여진 별칭들은 모두 토목공사와 연관된 것들이었다. 법보다

공사가 먼저였다. 서울은 언제나 만원이었고, 언제나 공사중이었다.

상수도 역시 중요한 문제였다. 부족한 수돗물 생산량을 늘리기 위해 서울 곳곳에는 배수지가 건설되었다. 중간에 수도관에서 새는 수돗물이 없도록, 유수율을 높이기 위한 수도관 공사도 밤낮으로 이어졌다. 하지만 고지대에 사는 시민들은 물 부족이 일상이었다. 덕분에 우리네 어머니들은 아이들의 손을 잡고 공동수도나 급수차 앞에서 줄을 서서 기다렸다. 혹은 구청이나 시청으로 몰려가 시위를 벌이기도 했다. 1980년대까지도 수돗물 부족은 언제나 신문의 지면을 장식했다. 이후 88서울올림픽을 거치면서 수돗물의 안정적인 공급이 이뤄지게 되었고, 이제는 수질이 중요해지기 시작했다. 시민들은 생수를 사 먹거나 정수기를 이용하기 시작하였다. "물을 돈 주고 사 먹는 시대"가 열린 것이다.

우리가 살아가는데 있어서 물은 필수적이다. 특히 인구가 밀집한 도시에는 인위적으로 대량의 물을 안정적으로 공급할 수 있어야 한다. 또한 그러한 대량의 물은 인위적인 방법에 의해 안전하게 정수되어야 하며, 지속적으로 전달되어야 한다. 도시의 물 공급은 그 도시를 생명을 유지하는 시스템이다. 사실 이러한 도시 체제는 과학과 의학이 발전한

19세기 후반이 되어서야 가능했다. 세균이 발견되었고 오염된 식수가 전염병의 원인이라는 것도 확인되었다. 깨끗한 물이 중요하다는 것도 알게 되었다. 덕분에 위생이 개선되었고 사람들의 수명도 늘어났다. 광복 직후 40대 중반이었던 한국인들의 평균 수명이 21세기인 지금에는 80세를 넘었다.

오늘날 우리들은 이러한 상수도에 대해, 수도꼭지에서 물이 나오는 것에 대해 너무나도 당연하게 생각한다. 물론 당연하다고 생각한다는 것은 그만큼 상수도 시설과 행정이 잘 운영된다는 것이라고도 할 수 있다. 서울이 발전하고 변화하는 모습 속에는 상수도의 발전과 변화하는 모습 역시 반영되어 있다고 하겠다. 이 책에는 그러한 상수도 업무를 담당했던 공무원들의 이야기를 담았다.

제1장은 김정수 전 서울시 기전과장의 이야기이다. 그는 1935년생으로 경성전기에 입사하였고, 서울시 전차운수사업소 사무관으로 근무하였다. 이후 수도국 기계계장과 기전과장을 거쳐, 효성중공업 상무이사 등을 지냈다. 1971년 구술자가 수도국 기계계장으로 발령받을 당시 급수시설이 미약했던 상태였다. 서울이 발전하고 경제나 문화가 향상되기 위해서는 1인당 수돗물 사용량을 늘려야 했다. 과거 시설로는 충당이 되지 않았다. 인구가 증가하는 것도 문제이지만 당장 쓸 물이 부족했다. 때문에 여러 곳에 수원지를 확보해야 했다. 기존의 뚝도수원지와 구의수원지 등은 대대적으로 증설되었고, 보광동, 노량진, 영등포 등 서울 곳곳에는 추가로 배수지가 건설되었다. 하지만 늘어나는 인구와

사용량을 감당하기는 매우 어려웠다고 그는 기억하고 있다.

구술자는 당시 상수도 부문의 기술 용어가 대부분 일본식 용어였다고 회고하고 있다. 광복 이전 일본인들이 운용했던 상수도 시설을 어깨너머로 배운 지식이 여전히 사용되고 있었다. 영어로 되어 있어도 일본식 발음으로 통용되고 있었다. 아직까지 일본인들이 남긴 기술과 지식이 쓰이고 있었다. 때문에 그는 청계천 헌책방을 뒤져가면서 일본책을 구해 따로 상수도 분야를 공부해 원어를 제대로 바로잡았다. 그리고 그 지식을 가지고 후배들에게도 상수도에 관한 기술교육을 시켰다.

한편 당시 상수도 설비는 프랑스의 데그레몽Degremont이라는 회사에서 들여왔다고 한다. 구술자도 1달 동안 프랑스에 가서 기술 연수를 받고 왔다. 구술자는 당시 그들의 상수도 건설과 시설 운용 능력이 우리보다 100년 정도는 발달했다고 평가하고 있다. 문제란 문제는 이미 다 겪었고, 상상도 못하는 시설을 만들고 있었다고 한다. 때문에 서울에 새로운 시설을 짓기 위해서는 프랑스 장비를 들여와야 했다. 물론 기술을 그냥 주지는 않았다. 구술자에게 기술 지도를 해주는 것도, 기술 제휴를 해주는 것도, 모두 돈을 벌기 위한 비즈니스의 일환이었다. 구술자도 그러한 점을 지적하고 있다.

아울러 유럽의 경우 석회수 수질이기 때문에 프랑스의 방식은 우리 현실과 맞지 않았다. 하지만 당시 정수장 건설은 프랑스 차관으로 추진되고 있었다. 때문에 프랑스 측에서는 자국 업체의 기술과 장비를 쓰라고 요구하고 있었다. 구술자는 당시 서울시 상수도 직원들은 프랑스 시설의 장단점을 알고 있었고, 본인도 퇴직한 이후였음에도 서울시에 가서 우리 사정과는 맞지 않다는 것을 설명해 주는 역할을 맡았다. 하지만 엄연한 차관 사업이었고, 그것은 정치나 외교 차원의 문제였다. 국가 차원에서 보자면 "조그만 것"은 그냥 받아들여야 했다고 그는 당시를 회고하고 있다.

제2장은 김의재 전 서울시 제1부시장의 이야기이다. 그는 1937년생으로 한국전력에 입사하였고, 서울시 전차사업소 업무과장으로 근무하였다. 그리고 수도국 업무과장을 비롯해 서울시 감사관, 상수도본부장을 거쳐 제1부시장을 지냈다. 이후 국가보훈처장과 제15대 국회의원을 지냈다. 그는 1982년 수도국 업무과장을 맡으면서 기존의 실비제였던 수도관 인입공사비를 조사를 통해 36만 2,000원으로 확정해 정액제로 바꾸었다. 또한 그것을 서울시 〈수도조례〉로 명문화하였고, 기존까지 주먹구구식이었던 업체들을 정리하였다. 이를 통해 이전까지 중구난방식으로 추진되었던 수도관 인입공사를 바로잡을 수 있게 되었다. 그런데 당시 강남에는 대형 아파트단지들이 지어지고 있었다. 덕분에 주변에는 대형 수도관이 부설되었고, 그곳에서 각 가정으로 수도가 연결되면서 서울시는 공사비를 절약할 수 있었다. 실제로 1984년에만 240억 원의 흑자를 낼 수 있었다. 구술자는 당시 이러한 수도공사 정액제가 수도 역사에 일대 변혁을 가져왔다고 평가하고 있다.

그런데 이러한 〈수도조례〉에 대해 당시 건설업체들은 정부에 불만을 제기하였고, 건설부도 〈수도조례〉가 〈주택건설촉진법〉에 저촉이 된다는 의견을 내면서 수도공사 정액제가 폐지될 위기에 처한다. 당시 구술자는 정액제와 조례 제정의 실무를 담당했기 때문에 직접 건설부에 가서 부당함을 설파했다. 50평을 기준으로 하면 36만 2,000원인 정액제 공사요금은 평당 7,200원 정도였다. 반면 건설업체들은 아파트를 지을 때마다 평당 수백만 원의 이익을 보고 있었다. 구술자는 이러한 점을 설명하였고, 상위법인 〈주택건설촉진법〉 제정 당시 서울시와 협의하지 않았다는 사실도 강조하였다. 구술자의 설명으로 정부 측도 〈수도조례〉의 당위성과 필요성을 이해하게 되었고, 수도공사 정액제는 이후에도 지속적으로 시행될 수 있었다.

한편 구술자는 1994년 상수도본부장 재임 시절 수도요금 현실화를 추진했다. 그 당시 서울의 수도요금은 국민소득 600달러였던 중국의 베이징보다도 쌌다. 물론 물가상승을 우려한 경제기획원의 물가국에서는 반대 의견을 냈지만, 서울시 측의 설득으로 현실화될 수 있었다. 구술자는 1983년 수도공사 정액제 실시와 1994년 수도요금 현실화라는 일련의 과정을 통해 수도 재정을 획기적으로 개선할 수 있게 되었다고 평가하고 있다. 또한 이러한 재정 확보를 통해 잘못된 수도배관을 정상화할 수 있었고, 수도의 유수율이 획기적으로 개선할 수 있었다고 보고 있다.

이외에도 그는 아프리카 르완다에 상수도기술을 전수해주었던 일화도 회고하고 있다. 당시 르완다에서는 내전이 벌어졌는데, 많은 아이들이 오염된 식수로 인한 수인성 전염병으로 죽어가고 있었다. 구술자는 이러한 소식을 접하면서 상수도본부 직원들을 르완다로 파견보내 구호 활동을 도왔다. 또한 직접 르완다 직원들을 초청해 상수도

기술원조를 해주기도 하였다. 그런데 당시 르완다에서 온 직원들은 단순한 상수도 기술자들이 아니라 영국 유학파들로 영어도 유창한 엘리트이었다고 한다. 구술자는 이들에게 한국도 6·25전쟁을 겪었지만 열심히 노력해 경제 발전을 이룩했다고 말해주었다.

제3장은 김홍석 전 상수도본부 차장의 이야기이다. 그는 1940년생으로 건설부 수자원국과 서울시 지하철건설본부 공작전기과에서 근무하였다. 이후 서울시 수도국 구의수원지 사무소장, 수도국 수원기전과 과장, 수도기술연구원 소장을 비롯해 상수도본부 차장을 지냈다. 그가 수도국으로 발령받은 것은 1978년으로 구의수원지 소장으로 배속되었다.

당시 서울의 확장과 개발을 감당하기 위해서는 기존의 소형 임시 배수지 정도로는 수요를 감당할 수 없었다. 대형 배수지가 필요했다. 물론 예산이 문제였다. 이에 구술자는 당시 대형 아파트단지를 건설하던 대한주택공사의 협조를 얻는 방식을 추진한다. 1980년대 당시 상계동 지역에는 아파트단지가 지어지고 있었는데, 구술자는 수도 공급 조건으로 대형 배수지를 지어줄 것을 요청하였다. 이러한 과정을 거쳐 해당 지역에는 10만 톤 규모의 월계배수지가 건설될 수 있었다.

구술자가 강조한 것은 선입선출과 직결급수였다. 모든 수도기술은 선입선출원칙에 따라 발전해 왔다고 그는 강조하고 있다. 선입선출이 되지 않으면 어딘가에서 물이 고여 썩거나 문제가 생길 수 있다는 것이 그의 생각이다. 예를 들면 주택가 옥상에 있던 노란색 물탱크, 혹은 지하 저수조가 그러한 문제를 일으킬 수 있다는 것이다. 때문에 목동 아파트단지 건설의 경우 직결급수 추진을 위해 목동사업소의 협조를 받아 지하 저수조를 대신하는 대형 배수지를 건설하였다. 오늘날 공원으로 사용하고 있는 목동배수지와 신정동배수지가 그것이다. 물론 당시에는 법적으로 비상급수 시설을 갖춰야 했기 때문에 서울시 내부에서도 많은 반대가 있었다. 하지만 구술자의 설득으로 대형 배수를 건설하였고, 목동 지역은 직결급수로 수돗물을 공급할 수 있게 되었다.

한편 구술자는 상수도 건설을 위해 일본 OECF 차관을 도입하던 당시의 일을 기억하고 있다. 당시 많은 설비들이 외국으로부터 차관을 들여와 만들고 있었고, 해당 설비들은 차관을 제공한 나라의 기술을 들여오거나 그 나라 업체들이 주도하는 형태로 추진되고 있었다. 그런데 일부 설비의 경우 A/S가 필요하지만, 해당 업체들의 비협조로 인해 유지·보수에 어려움을 겪는 일이 종종 있었다. 때문에 구술자는 차관 사업에 있어 외국업체들이 참여하는 경우, 국내업체와 동업을 하는 업체들로 해야 한다는 조항을 추가할 것을 요청했다. 유지·보수를 비롯해 기술지원을 제대로 받기 위한 조치였다. 당연히 일본 측에서는 반발했다. 하지만 한일 간 경제협력이라는 차관의 취지를 살려야 한다는 구술자의 주장에 일본 측도 공감하였고, 구술자가 제안한 형태로 차관의 공여가 이뤄질 수 있었다.

제4장은 진익철 전 상수도본부장의 이야기이다. 그는 1951년생으로 서울시 상수도국 업무계장을 비롯해 내무국 총무과장, 베이징 서울

문화무역관 관장, 환경국 국장 등을 거쳐 서울시 상수도본부장을 지냈다. 이후 민선 서초구청장을 역임하였다. 구술자가 상수도본부장으로 취임할 당시 가장 큰 현안은 시민들의 음용률이었다고 회고한다. 수돗물을 만드는데 시민들의 세금이 엄청나게 들어갔지만 정작 시민들은 마시지 않았다. 수돗물을 먹는다고 하면 외계인 취급을 했던 것이 현실이었다. 수돗물을 마셔도 안전하다는 것을 알릴 필요가 있었다.

이를 위해 구술자는 '아리수품질확인제'를 본격적으로 추진하였다. 또한 '아리수'를 브랜드화하고 페트병에 넣어 판매하는 것도 기획했다. 물론 시민들과 정치인들의 반대로 판매하겠다는 계획은 철회되었다. 국회의원들은 "이제는 시민들에게 물까지 팔아먹으려고 하느냐?"라고 비판했지만, 예산서를 보여주면서 1조 원 가까이 들어간 물이라는 걸 알고 나서는 비판을 하지 못했다고 한다. 물론 그들을 완전히 설득시키지 못했다는 점에 대해서는 아쉬움을 표하고 있다.

구술자는 수돗물에 대한 시민들의 신뢰를 얻기 위해서는 궁극적으로는 아리수를 판매하는 것이 필요하다고 보고 있다. 고도정수처리를 통해 수질을 더욱 개선해도 오히려 생수 소비량과 정수기 판매량은 지속적으로 늘어났다. 수돗물에 불소처리를 하는 것을 둘러싼 논쟁도 있었다. 하지만 구술자는 근본적으로 수돗물에 대한 불신을 없애지 않으면 그러한 논의는 의미가 없다고 보고 있다.

상수도본부장 당시 구술자가 중점적으로 추진한 또 다른 사업은 옥내 노후관 개량이었다. 당시 노후배관은 대부분 교체된 상태였다. 하지만 수도관을 교체해도 각 가정으로 들어가는 옥내 노후관이나 물탱크가 오염되어 있다면 문제가 발생할 수 있었다. 때문에 집집마다 검사를 해 주고, 옥상 물탱크를 철거해 주었다. 대신에 가정과 학교에 있는 수도꼭지까지 이어지는 관을 새로 연결하는 사업을 집중적으로 추진하였다. 재건축 아파트의 경우에도 수도관을 교체하고 물탱크를 없애 직결급수 체제로 바꾸는 작업을 지속하였다.

본 구술자료집은 채록한 구술 자료를 독자들이 읽기 쉽게 편집한 2차 가공물임을 밝혀두고자 한다. 이 책의 내용 중 일부를 연구에 활용하거나, 더 세밀한 정보가 필요한 경우에는 반드시 소정의 절차를 밟아 서울역사편찬원이 소장하고 있는 원본 자료를 참조하기 바란다. 또한 본 구술자료집은 개인의 사적인 체험과 기억을 술회한 것이므로 일부 내용은 다른 독자들의 기억과 다르기도 하고 일부 과장되었을 수도 있다. 그러므로 독자들은 이러한 점들을 유의하여 읽어주기 바란다.

아울러 서울역사편찬원에서는 구술자 개인의 의사를 존중하기 위해 무리한 인터뷰를 자제함과 동시에 비공개로 요청된 부분은 편집과정에서 모두 삭제하였다. 또한 이 자료집은 녹취록을 바탕으로 원고를 정리하였고, 구술자의 동의를 받아 발간하였음을 밝혀둔다.

2023년 10월

서울역사편찬원 전임연구원 류상진

청계천 헌책방에서 책을 찾아서 상수도 공부를 했어요

면 담 자	이연식(일본 소피아대 외국인연구원)
면담주제	서울시정과 공무원들(상하수/방재)
면담일시	2020년 8월 14일(1차)·2020년 10월 8일(2차)
면담장소	성남시 분당구 정자동 지하철 정자역 앞 카페(1차)·(2차)

김정수

1935년 황해도 장연군 출생
1959년 인하대 기계공학과 졸업
1959년 경성전기 입사
1966년 서울시 전차운수사업소 사무관
1971년 서울시 수도국 기계계장
1975년 서울시 수도국 기전과장
1978년 효성중공업 부장
1981년 효성중공업 상무이사

전차사업소에서 일하다 서울시 수도국으로 오다

이번 시간은 이번 면담은 '서울의 상하수도와 공무원들'이라는 주제로 실시하는 서울역사편찬원의 구술 채록입니다. 오늘은 김정수 선생님을 모셨습니다. 선생님께서는 1959년 경성전기주식회사에서 근무를 시작하셨고, 1966년 서울시 전차운수사업소 사무관으로 오시게 됩니다. 이후 1971년 수도국 기계계장을 거쳐 기전과장을 지내셨습니다. 우선 처음 공직 생활을 시작하셨을 당시에 대해서 말씀 부탁드리겠습니다.

김정수입니다. 원래는 경성전기[1]의 동대문전차사업소에서 근무했는데 전차 업무가 1966년 5월에 서울시로 이관되었어요. 그래서 그해 6월부터 서울시 공무원으로 일하게 되었죠. 서울시에서 전차 사업을 1968년 10월까지 2년 정도를 더 운영했죠. 그러다가 시내 교통 문제 때문에 유지할 수가 없게 되니까 과감히 철거했거든요. 그다음에 3년 정도 나머지 일들을 정리했죠. 영업을 끝나고 철거한 다음에 나머지 정리하는 데에만 3년이 걸렸어요. 전차랑 궤도들을 철거해서 뜯어낸 것들을 다른 곳으로 이관시키고, 고철도 처리하고, 일이 남았거든요. 그걸 다 끝

1 경성전기의 전신은 1898년 1월에 대한제국 정부와 미국인 콜브란(C. H. Collbran)·보스윅(H. R. Bostwick)이 세운 한성전기회사(漢城電氣會社)이다. 1899년 4월 서대문과 청량리 사이에 전차를 개통하여 운행하였다. 1904년 7월 한미전기주식회사로 개칭하였고, 1915년 9월 경성전기주식회사로 이름을 바꾸었다. 1961년 7월 한국전력주식회사(지금의 한국전력공사)에 흡수·통합되었다.

내고 나니까 수도국으로 발령이 났어요. 그렇게 수도국으로 가서 일하게 되었죠.

발령받을 때 수도국에 가겠다고 하셨나요?

저는 수도국에 갈 거라고는 생각하지 못했어요. 그런데 수도국 기계계장은 기계과 나온 사람이 해야 한다고 하더라고요. 제가 수도국 오기 전에 전차 일을 했잖아요. 인정을 했던 거 같아요. 그래서 기전과에서 저를 선택해줘서 기전과 기계계장으로 발령이 났죠.

당시 수도국 안에는 어떤 부서들이 있었나요?

수도국에 기술 계통으로는 기전과機電課, 급수과, 시설과 이렇게 3개가 있었죠.

기전과는 어떤 일을 했나요?

기전과는 펌프라든지, 전기, 기계를 담당해요. 시설과는 새로 시설을 만드는 일이나 새로운 수원지를 짓는 걸 하죠. 급수과는 이런 일들이 다 끝나면 급수 업무를 맡아서 했죠.

급수 업무는 구체적으로 어떤 거죠? 일반 시민들은 잘 모를 것 같아요. 가정에 수도꼭지를 설치하는 것도 급수과에서 했나요?

그런 거는 수도사업소에서 했죠. 급수과에서는 어디에 얼마의 물이 필요하니까 어디에 수원지水源池를 건설해야 한다는 계획을 세우죠. 그런

식수를 받기 위해 길게 늘어선 행렬(1965년)

다음에 계획을 시설과로 넘겨요. 그러면 시설과랑 기전과는 시설을 만들어 줘요. 그럼 급수과에서는 그 물을 받아서 시내에 급수를 하는 거죠.

선생님이 기전과에서 주로 했던 일은 어떤 건가요?

제가 1971년도에 갔을 당시에는 급수시설이 미약했던 상태였어요. 급수량이 늘어나야 했죠. 당시에는 하루에 1인당 집에서 100L씩 썼어요. 그런데 경제나 문화가 향상되니까 200L, 300L를 사용해야 하는 거죠. 과거 시설로는 충당이 되지 않아요. 인구가 증가하는 것도 문제이지만 당장 쓸 물이 부족해졌던 거죠. 그걸 보충하기 위해서는 상수도 시설

노량진 제1정수장(1958년)

을 확충해야 했어요. 물 자체가 모자라니 도저히 살 수가 없는 거예요. 그래서 어디에 얼마의 물을 더 공급해야 할지 전부 수합했어요. 어디서 어느 수원지에서 어떻게 공급할지 계획을 세워서 연차별로 그에 따라 한강수계에서 취수하는 거예요. 수원지를 건설하고, 정수하고, 물을 만들어 급수하는 거죠. 당시에는 구의수원지가 있었고, 뚝도가 있고, 보광동이 있고, 노량진수원지가 있고, 그 뒤에 영등포수원지까지 확장하게 되었죠.

선생님 같은 경우에는 전차 관련 일을 하다가 중간에 수도국 계장으로 온 경우였잖아요. 그런데 당시 기존 동료들은 말단에서부터 시작해서 10~20년 그곳에서 계속 일했고요. 텃새 같은 건 없었나요?

당연히 있었죠. "네가 알면 얼마나 아냐? 운이 좋아서 전차 사업하다가 계장으로 온 거다."라고들 했죠.

일종의 질시나 질투 같은 거네요.

텃새죠. 그런데 가서 보면 가지고 있는 자료가 하나도 없었던 거죠.

독학으로 상수도 기술을 익히다

수도국 기전과에 근무할 당시에 참고할 자료 같은 건 있었나요?

제가 전차 일을 했을 때 겪었던 일을 먼저 얘기할게요. 가서 처음 일을 하는데 수리 부품이 필요해요. 그러니까 어느 직원이 "가서 단바쿠로 가져와"라고 그래요. 그래서 제가 슬쩍 물어봤어요. '단바쿠'가 뭐냐고 말이죠. 그랬더니 "단바쿠로 하라면 단바쿠로 그냥 하라고!"라고 그래요. 다들 일본사람들한테 배운 게 그거밖에 없었던 거죠. 그냥 단어를 따라서 말했던 거예요. 결국 제가 어디서 책을 구했어요. 대학교에 가서 물어도 전차에 관한 책은 없었어요. 서울 시내에 헌책방을 돌아다녔죠.

청계천 헌책방에 전차 관련한 예전 일본책이 있었나요?

맞아요. 청계천에 헌책방 돌아다니면 혹시라도 일본책이 있을 수 있으니까 거기서 찾아봤던 거예요. 일과 후에는 다른 거 죄다 제치고 찾아다녔어요.

일본말을 어느 정도는 아셨겠네요.

책도 어느 정도는 읽을 줄 알았죠. 거기 책을 보니까 '단바쿠'라는 말이 '턴버클링turnbuckling'인 거예요. 그러니 돌려서 풀거나 잠그라는 의미죠.[2]

영어로 '턴버클링'인데 그걸 일본식 발음으로 하니 '턴바크'나 '탄바꾸'처럼 들렸겠네요.

일본 사람이 그렇게 가르쳤다는 거예요. 걔들이 발음이 안 되니까요. 전차 부품 하나하나가 다 그런 식으로 되어 있는 거예요. 그래서 제가 나름대로 공부해서 후배들에게는 하나하나 가르쳐줘야겠다고 생각했어요. 그래서 원어로 정리해서 전해줬어요.

수도국 일을 했을 때도 일본식 용어들이 많았나요?

상수도도 마찬가지였죠. 다 일본식 용어예요. 일본사람들한테서 배웠기 때문에 우리나라 말로 되어 있는 게 없어요. 물론 전차보다는 나았

2 턴버클(turnbuckle)은 양단에 우나사와 좌나사를 돌려 양쪽에 이어진 줄을 당겨서 조이는 부품이다.

어요. 그래도 우리 말로 되어 있지 않았어요. 일단 상수도 공부를 해야겠다 싶었죠. 덕분에 책방에 가서 또 뒤지기 시작했어요. 일본책을 구해서 또 공부했어요.

청계천 책방에 가서 이번에는 상수도랑 하수도 관련 책을 구했겠네요.

그렇죠. 그렇게 다 가져와서 저 나름대로 공부했죠.

책들의 내용이 어땠나요? 기본적인 기술이나 원리들이 잘 설명되어 있었나요?

참 잘 정리되어 있더라고요. 당시 우리랑 일본이랑 50년, 100년, 그 정도의 차이가 났다고 했거든요. 그렇지만 그네들도 미국한테 배웠기 때문에 꼭 미국 원어를 넣고서 자기네 말로 고쳤거든요. 그냥 일본말로만 된 것은 하나도 없었어요. 전부 원어를 써놓았어요.

가타가나로 써 놓고 괄호 안에 영어 알파벳으로 써 놓았네요

그렇죠. 모터는 가타가나로 "モータ"라고 써 놓고 옆에 괄호 안에 "motor"라고 써 놓는 식이죠. 일본인들은 자기네 일본말로 쓰면서 원어를 써 놓았잖아요. 덕분에 걔들은 교육이 잘 되어 있었어요. 일본이나 미국에서 원서를 받아다 공부했던 것이 다 그런 식이었어요. 그렇게 저도 공부했고, 후배들 교육시키고, 그러면서 제가 교육을 맡아서 했던 거죠. 상수도에 관해서 기술교육을 시켰죠. 상수도 직원들뿐만 아니라 기술이 필요한 사람들은 다 시켰죠. 나중에 제가 서울시에서 퇴직한 다음에는 전국을 돌아다니면서 교육을 시켜줬어요. 서울시 상

수도 기전과장으로 있으면서 소문이 났던 거죠. 전국을 다니면서 공무원들 교육을 했어요. 물론 이게 학교의 정규교육은 아니니까 협조해주면서 하는 형식으로 했죠. 배우는 사람이 관심이 없으면 효과가 없거든요. 그래도 다들 잘했어요.

일단 제가 그렇게 한 거는 누가 물으면 답변을 제가 해야 했기 때문이에요. 가령 "왜 펌프를 5대로 했느냐? 왜 3대로 했느냐?"라고 물으면 제가 답변해야 하잖아요. 근거를 만들어야 하는 거죠. 그걸 표로 만들어서 언제든지 그 근거를 제시할 수 있도록 했어요. 그렇게 하고 보니까 저 혼자만 알고 있어서는 안 되겠다는 생각이 든 거고요. 전국의 공무원들이 제대로 일을 할 수 있어야겠다는 거죠. 일단 물을 관리하는 기본원리는 같아요. 그러니까 서울 말고 대구나 부산도 일본 기술을 돈 주고 사다가 배웠어요. 큰 도시는 자기네 힘으로만 할 수 없거든요. 다들 서울시처럼 외국 기술을 받아서 했어요.

이번에는 다른 질문을 드릴게요. 상수도는 속된 말로 본청과 달리 책상에서 펜대를 굴려서 되는 게 아니잖아요. 이공학적 지식도 필요하잖아요. 만약 정당하게 옳은 방식인데 예산 담당하는 간부가 막무가내로 안 된다고 하면 답답한 참 노릇이겠죠? 시민들에게 물을 공급해야 하는데 말이에요. 그럴 땐 예산 부서 사람들을 어떻게 설득했나요?

소위 저하고 함께 일한 사람들, 수도국뿐만 아니라 시장까지도 '저 사람 말은 못 꺾는다.'라고 소문이 났어요. 제가 자신이 있었거든요. 제가 100을 하자고 하면 해야 해요. 누가 90만 하자고 하면 저는 거절해요.

왜냐하면 저는 옳은 이야기를 했거든요. 나중에 따지고 봐도 제 말이 다 맞았거든요. 그르지 않았어요. 한두 번 겪은 게 아니거든요. 몇 년 겪으면 '저 사람 말은 믿어도 된다.'라는 인식이 생겨요. 그러면 상관도 제 말을 못 꺾어요. 심지어 제가 시장실에 결재 맡으러 가면 시장님도 웃으면서 "아니, 또 왔어?"라고 말할 정도예요.

윗선을 설득해서 방침을 받았다는 거네요.

그렇죠. 제가 설명하죠. "이런 방법도 있고, 이런 방법도 있습니다. 내가 보기에는 이게 제일 낫습니다."라고 비교하는 거죠. 그래서 동료들도 저한테 뭐라고 할 수가 없어요. 자기들이 거기에 대한 지식이 없거든요. 저는 정정당당하게 대한민국 어디에 내놓아도 틀린 일은 하지를 않았어요. 그렇게 자신 있게 했죠. 그러니까 전국을 다니며 교육을 했던 거고요.

상수도 관련 업무를 전국의 공무원들에게 기초부터 개요와 실무까지 교육하셨군요. 이런 교육을 언제까지 하셨어요?

제가 1971년부터 1978년까지 서울시 상수도에서 일했거든요. 그다음에는 효성중공업으로 가서도 계속했어요.[3] 나가서도 10년을 더 교육

3 효성중공업의 전신은 1962년 5월 설립된 한영공업주식회사이다. 1975년 10월 한영공업주식회사가 효성중공업에 인수되어 효성그룹 계열사가 되었다. 1998년 11월 효성그룹 계열사 통합에 따라 (주)효성에 편입되었다. 2018년 6월 지주회사 체제로 전환하면서 지주회사인 효성과 사업회사인 효성티앤씨, 효성중공업, 효성첨단소재, 효성화학으로 분리되었다.

을 했어요.

선생님께서 막 기전과에 오셨을 때 가르쳐 준 선배는 없었나요?

없었어요. 제가 물어보면 자기도 잘 모르니까 답변도 안 해줬어요. 저도 물어봐야 알지도 못했고요. 나중에는 답답해서 묻지도 않았어요.

그래서 청계천 헌책방에서 일본 책들 구해서 공부했다고 하셨죠.

맞아요. 그런데 그건 자기들 책임이 아니래요. 자기들은 다 알아서 하는 거래요. 저한테 가르쳐 줄 의무가 뭐가 있냐며 말이죠. 자기들 책임이 아니라고 하는 거죠. 그 자리를 맡았으면 알아서 하는 거라고 했죠. 별수 있어요? 제가 일단은 중앙부처에서 왔으니까 뭘 알겠어요? 아무리 대학을 나왔어도 처음에는 백지상태일 수밖에 없어요.

수원지 확장으로 서울시에 400L 수돗물 공급

수도국 기전과장이 되신 게 언제였죠?

1975년에 기전과장으로 진급했어요. 대략 4년 만에 진급을 했죠.

그럼 기전과 안에는 어떤 부서들이 있었나요?

기전과 안에 기계계, 전기계, 안전관리계, 이렇게 3개가 있었어요. 그리

▎확장 공사 중인 구의수원지

고 수도국 안에 기전과 말고 시설과와 급수과가 있으니까 수도국장 주재로 매일 과장들이 모여서 회의를 했죠. 그럼 문제가 되는 사안이 있으면 수도국장이 지시를 해요. 어떤 문제가 있다고 하면서 말이죠. 일하면서 문제가 있으면, 토의하면서 바꿀 거 있으면 바꾸고, 서로 도와가며 일 한 거죠.

토의를 하다 보면 매일같이 내내 같은 문제가 나오다가 새로운 문제가 나오기도 하죠? 어떤 문제를 가장 시급한 사항으로 보았나요?

1970~1980년대 우리가 발전해야 했잖아요. 그러면 급수량을 100L에서 200L로 올려야 했거든요. 세수하고, 목욕하고, 이제 사람들이 많이 씻기 시작하더라고요. 그런데 물이 없어요. 시민들은 물을 달라고 하는 거죠. 그러니까 해결해야죠. 급수시설을 늘려야 했던 거죠. 그럼 수원지를 확장해야 하는 거예요. 그러니까 우선 어디에 수원지를 증설하자고 토의하는 거죠. 합의가 되면 그걸 하나하나 실현해 가야 거고요. 그래서 제일 먼저 구의수원지[4]를 확장하기로 했던 거예요. 위치도 좋고, 할 수 있는 여건도 좋아요. 서울 시내로 물을 보내기에도 가장 빠르거든요. 그쪽을 먼저 시설해야겠다고 했던 거죠. 그렇게 해서 30만 톤 확장계획을 세워요. 그걸 해 놓고 또 늘어나니까 뚝도수원지[5]를 증설했던 거고요. 그런데 거기는 위치가 좁아서 구의수원지처럼 크게 증설할 수가 없었어요.

4 구의수원지는 일제강점기인 1930년대에 경성부의 확장과 상수도의 수요증가에 따라 최초 제1공장이 건설되었다. 현재에도 제1공장에는 이 시기 건설된 급속여과지가 남아있다. 제2공장은 광복 이후인 1959년 미국 원조로 지어졌다. 한편 1970년대 서울시는 늘어나는 수돗물의 수요를 충족시키기 위해 구의수원지를 확장하여 60만 톤의 수돗물을 증산하기로 하였다. 확장예산은 102억 원이었으며, 외자 ADB차관 35억 2,000만 원과 내자 66억 8,000만 원으로 충당하였다. 이 확장공사로 구의수원지는 1974년 7월 10일 1차로 30만 톤의 수돗물을 증산하게 되었으며, 1976년 7월 3일 2차로 확장이 완료되어 30만 톤의 수돗물을 추가로 증산하게 되었다. 이후 1984년에는 113만 톤으로 늘어나게 되었다.

5 뚝도수원지는 미국인 콜브란과 보스트윅이 대한제국 정부로부터 상수도 시설 허가를 받아 지은 정수장이다. 1906년 공사를 시작하여 1908년 완공하였다. 1일 정수 용량은 1만 2,500m²로 서울에 지어진 최초의 수원지 시설이다. 1969년 서울시는 시비 5억 원을 들여 뚝도수원지를 확장하여 8만 톤의 수돗물을 증산할 수 있었다. 1971년 당시 급수량은 11만 톤이었다. 현재 서울특별시 유형문화재로 지정되어 있다.

겨우 8만 톤밖에 못 했죠. 그리고 취수는 우선 수질이 좋은 곳이어야 해요. 또 깊으면서도 수량도 많아야 하고요. 가능한 한 도로 옆에 있어야 해요. 그래야 사람이 왔다 갔다 할 수 있거든요. 그런 위치에 취수장을 잡아요. 그래서 구의나 뚝도 같은 곳에 만든 거였죠.

구의수원지가 30만 톤이었고, 뚝도수원지가 8만 톤 정도였네요.

그렇게 증설한 다음에는 보광동수원지[6]를 만들었죠. 남산터널 나오자마자 있죠. 위치가 좋아서 30만 톤 규모로 만들었어요. 그러고 나서는 노량진이랑 영등포에도 증설했고요. 노량진이 10만 톤 정도였어요. 영등포수원지[7]는 선유도에 증설했고요. 그렇게 어느 정도 갖추니까 서울 전 지역에서 하루에 1인당 400L를 사용할 수 있게 되더라고요. 400L면 대략 문명국가 수준이 되죠. 지금은 400L까지 안 쓸 거예요. 물을 사다 먹으니까요. 태반이 수돗물 안 먹잖아요.

6 보광동수원지는 용산구 보광동에 위치해 있다. 1962년 착공되었는데, 1일 최대 30만m³, 평균 20만m³의 수돗물을 생산해 67만 명에게 급수 혜택을 주고 1인당 급수량을 300L로 증가시키는 것을 목표로 하였다. 1966년 5월 16일 1차로 하루 2만 5,000m³를 통수하였고, 1968년 2차로 하루 12만 5,000m³를 통수하였다. 이후 확장공사를 통해 1970년에는 4차로 하루 11만m³를 생산하여 총 시설 규모 하루 30만m³가 되었다.

7 영등포수원지는 영등포구 양화동에 위치해 있다. 1970년 착공되었는데, 이듬해인 1971년 준공하여 급수를 개시하였다. 총 시설용량은 하루 24만m³이었다. 이어 1975년에 제2정수장을 신설해 하루 6만m³를 통수하여 총 시설용량 하루 24만m³를 확보하였다. 이후 1984년 4월부터 1985년말까지 정수지 확장공사를 하여 하루 6만m³를 증산하였다. 그리고 1991년까지 다시 확장공사를 진행하였고, 1991년 7월에는 하루 30만m³가 통수되며, 총 시설용량은 하루 60만m³로 늘어났다.

그렇죠. 지금은 생수를 많이 먹으니까요.

지금은 300L 언저리로 줄었을 거예요. 그리고 이제 상수도를 확장하지 않아도 될 거예요. 서울시 인구가 증가하지 않는다고 해서 지금은 확장하지 않아요.

외국 설비를 들여와 정수장 설립

헌책방 찾아다니며 일제강점기 책을 보면서 용어도 정리하고, 업무들도 처리하고, 물론 이론적으로는 가능하겠지만 그런 일들을 뒷받침하려면 기계설비나 부품도 필요하잖아요. 그럼 상수도 관련 장비나 부품은 어떻게 조달했나요?

기계 계통은 일본사람들에게 배우니까 30~40%까지는 올라갔어요. 그렇지만 고급 기술은 못 배웠죠. 80%까지 올라가도 20%가 모자라면 안 되거든요. 그런 기술이 없으니까 장비가 밤낮으로 말썽을 일으켰어요. 금방 좋은 부품이 개발되지 않았죠. 제대로 만들려면 몇 년 동안 개발해야 하거든요. 당장 가능한 게 아니거든요. 그 과정은 어느 나라던지 겪어야 하는 거죠. 어쨌든 업체들이 개발한 부품은 도움이 되었고, 빨리 따라주지 못하는 부품은 늦게 도입되는 거죠.

외국에서 수입해야 했네요.

수입을 해야 하죠. 원래는 수입을 안 하려고 했지만 어쩔 수 없었죠. 결국에 중요한 것들은 다 수입했죠. 중요한 기계는 우리나라에서 못 만들었으니까요. 말하자면 새로운 기계나 시험기는 우리가 도저히 어찌할 수가 없었어요. 그래서 개발을 하면서도 수입에 의존했죠. 수입한 거를 사람들에게 보여주면서 가르쳐줬던 거죠.

주로 어느 나라에서 수입했나요?

일본이었죠. 일단 가깝고 발달이 되어 있으니까요. 미국도 많았고요. 미국이 제일 빨랐어요. 멀기는 해도 매일같이 비행기가 왔다 갔다 했거든요. 그다음이 프랑스에요.

프랑스 장비가 들어왔나요?

상수도 기계나 시설은 프랑스가 잘 만들었어요. 데그레몽Degremont이라는 회사가 있어요.[8] 우리나라에서 그 회사 장비를 수입해서 상수도 시설을 놓았어요. 중요한 거는 데그레몽에서 들어왔죠. 덕분에 저도 1달 동안 프랑스에 가서 교육도 받고 왔어요. 기술 연수를 가서 받았죠. 실제로 눈으로 보고 배웠죠.

8 데그레몽(Degremont)은 음용수 및 상하수도 설비 회사로 1939년 프랑스에서 설립되었다. 이후 수에즈(SUEZ Environment)에 인수되었다. 현재 70개 국가에 진출해 10억 명에게 물을 공급하고 있으며, 2010년에는 15억 2,000만 유로의 매출을 기록했다. 해수담수화를 비롯해 미생물을 활용한 기술 등을 개발하여 상용화하고 있다.

그럼 프랑스에 가서 기술연수 하실 때 뭐가 다르던가요?

당시 그 사람들은 우리보다 100년 정도는 발달했어요. 문제란 문제는 이미 다 겪었던 거죠. 그러니까 우리가 상상도 못하는 시설을 만들고 있더라고요. 그러니까 새로운 시설을 만든다고 하면 일단 프랑스 장비를 들여와야 했던 거죠.

프랑스 사람들은 기술을 전수하면서 자국 기계나 시설을 파는 거네요.

그렇죠. 그 사람들이 돈 버는 거죠. 그냥 주지는 않죠. 돈 받고 기술 제휴해 주는 거였죠. 새로운 시설을 하려면 어쩔 수 없었어요.

프랑스로 연수를 가실 정도면 프랑스어를 잘 하셨겠네요.

제가 프랑스어는 못했어요. 주로 영어로 했죠. 그리고 거기서 통역을 붙여줬어요. 통역을 데리고 다니면서 연수를 시켜줬죠.

프랑스에 가셨을 때 그쪽 기술자들은 한국인들을 어떻게 생각했나요? 일단 지금과 달리 그때는 우리나라가 발전하지 못했을 때였잖아요. 말 그대로 개발도상국 정도의 시절이고요.

프랑스 사람들은 프라이드가 세요. 영국 사람보다 더 세죠. 일단 자기들 기술이 세계 최고라고 생각해요. "너희가 우리 기술을 따라오려면 100년이 지나도 불가능하다. 우리 기술 안 가져가면 제대로 된 물을 먹을 수가 없어. 아무 소리 말고 우리 기술 가져가라. 물 잘 먹고 선진국이 되어라." 라는 눈빛이었어요.

프라이드가 아주 셌네요.

그렇죠. 말보다 그 눈빛이 더 무섭더라고요.

말보다 눈빛으로 뭘 이야기하는 걸 알아들을 때가 참 무섭긴 하죠.

무서운 거죠. 또 그러면서 하나하나 기술 지도해주면서 그런 생각을 심어주면서 말을 하는 거에요. 자기네 기술이 최고라는 걸 머리에 박아주는 거였어요.

서울시가 들여온 프랑스 장비는 어떤 거였나요?

상수처리시설이었어요. 정수 처리하는 설비였죠. 선유수원지 안에 들여놨어요.

도쿄는 평평한 땅이니까 배수지를 건설하기 쉬운데 서울은 유독 산지나 구릉지가 많아 배수지 건설에 안 좋은 지형이라는 이야기가 있더라고요. 그런데 오히려 높은 지대를 잘 이용하면 펌프나 전기를 사용하지 않아도 위에서 아래로 자연스레 흘러갈 수 있는 조건이 된다고 하더라고요. 그래서 그런 곳에 배수지를 건설했다고 하더라고요. 배수지 건설하는 과정에서 서울의 지형, 산지나 구릉지가 많다는 게 어려운 조건으로 받아들여졌나요?

서울 위치를 보면 배수지를 올려서 할 수 있는 곳이 그렇게 많지는 않아요. 왜냐하면 그런 곳은 지어도 급수할 곳이 적을 가능성이 높거든요. 아무 소용이 없는 거죠. 위에 만들다가 돈만 더 들어가기도 해요. 배수지에 돈 들어가지, 펌프로 올리는 데 돈 들어가지, 정수장에서 보낼 수 있는 곳

❙ 일본 도쿄의 정수처리장

이라면 거기서 보내도록 해야죠. 기본원칙이죠. 오히려 위에 안 만들고 평지에 조그만 펌프장을 세우면 돈도 적게 들죠. 그게 효과적이죠. 함부로 배수지를 선정하면 안 되는 거예요.

당시 상수도 업무가 서울시뿐만 아니라 한강은 인근 팔당까지 연결되는 걸로 알고 있는데요. 그러면 중앙정부 건설부 수도국이나 경기도 부서랑 업무협조를 해야 하는데요. 그런 부서들과 관계가 어땠나요?

건설부가 전국을 다 통솔하죠. 법에 따라 구분이 되어 있어요. 어떤 거는 정부에서 해라. 어떤 거는 서울시에서 해라. 구분해 줘요. 업무에 트러블은 없었어요.

수도 민원이 잦은 서울의 고지대

이번에는 다른 질문을 드릴게요. 1970~1980년대 서울의 인구가 계속 늘어나지만 물은 부족하니까 민원이 계속 발생했을 텐데요. 예를 들면 높은 지대는 수돗물이 졸졸 나오다가 끊겨서 물 나올 시간을 기다리기도 했잖아요. 새벽까지 어머님들이 고생도 했고요. 아래 동네에서 물을 덜 사용할 시간대를 기다리기도 했고요. 당시에 어떤 민원이 가장 많았나요?

고지대는 주로 여름철 물을 많이 쓸 때에 고통을 많이 받았어요. 아침에 밥 먹을 때, 씻을 때, 물이 없으니까 난리였죠. 미리 물을 받아놓았어도 부족했죠. 아무 때나 수도꼭지만 틀면 물이 나올 수 있으면 좋았는데, 그러려면 돈이 많이 들죠. 동절기에도 동파 때문에 민원이 많았고요. 일단 하절기 급수 문제가 가장 심했어요.

서울에서도 물 사정이 안 좋았던 곳 기억나세요?

강북에서는 도봉산 쪽, 성북 쪽, 산 밑 고지대가 문제였어요. 종로도 좀 있었어요. 청와대 근처도 그랬고요.

선생님 근무하실 때 고지대 사는 분들 중에 수돗물이 안 나오면 우물물이나 약수터 물 같은 자연수를 마셨나요?

마셨어요. 그런데 그런 물은 수질이 나빠졌잖아요. 배탈이 나죠. 수질에 문제가 있는 거죠. 그러면 서울시로 민원이 들어오는 거예요. 못 살겠다

❙ 서울시 고지대 지역의 급수 모습(1970년)

고 하면서 우리 좀 빨리 해결해 달라고 하는 거죠. 물론 바로 해결할 수는 없으니까 일단 급수차를 동원하는 거죠.

급수차는 어느 부서에서 담당했나요?

급수과에서 담당했어요. 어디에 급수를 하라고 지시가 내려오면 움직이는 거죠. 급수차가 꽤 많이 돌아다녔어요.

1950년대 신문이나 자료들을 보면 공동수도 사진들이 많이 나오는데요. 집집마다 수도가 있던 게 아니었으니까요. 지게에 물통을 이고 다니는 모습도 많았고요. 1970년대에는 어땠나요?

그때도 안 나오면 지게로 지고 날랐죠.

그러다가 구의정수장이 만들어지면서 어느 정도 사정이 호전되었다고 알고 있습니다.

맞아요. 30만 톤이 증설되니까 물 급수가 상당히 좋아졌죠.

구의수원지 30만 톤 증설이 그런 의미가 있던 거네요.

그렇죠. 그것도 1970년에 기공했거든요. 완전히 새로운 시스템으로 만들었죠.

수도사업소 민원봉사실[9] 도 1972년에 개관했다고 알고 있습니다.

각 구청마다 1개씩 있었어요. 수도 요금이나 물이 안 나오는 문제가 생기면 거기에다가 신고해서 해결했죠. 일단 수도 업무는 구청이 총괄했어요.

서울시 본청이 아니고요?

각 구청에 수도사업소가 있었으니까요. 각 구청 소관인 거죠.

당시의 신문을 보니까 지금의 은평구인 구산동에 물이 잘 안 나왔다는 기사가 많이 보이더라고요. 그때 구산동은 서대문구 소속이었으니까 구산동에서 민원이 발생하면 서대문구청에서 해결해야 했었네요.

거기는 정말 골치 아픈 곳이었어요. 고지대니까 물이 잘 안 들어갔던 곳

9 1972년 8월 서울시는 수도 관계 각종 민원서류를 창구를 통해 처리하기 위해 각 구청에 수도민원 봉사실을 설치했다. 이곳에서는 수도요금, 상수도공사, 고장·수리 등의 각종 수도 관련 민원을 처리했다.

수도사업소 민원봉사실을 찾은 양택식 시장(1972년)

이었어요. 민원이 많은 동네였어요. 기계로 물을 쏴 줘도 중간까지만 갔어요. 고지대는 못 갔어요. 일단 민원으로 유명했어요. 데모를 하면 죄다 이쪽 사람들이었어요. 본청에 있을 때 아침에 출근하면 구산동에서 문제가 있다고 매일 보고가 왔어요.

❙ 급수문제를 항의하는 주민들의 시위 모습(1970년)

구산동 주민들도 구청 민원실에 민원을 넣었다가 안 되니까 본청으로 항의하러 갔겠네요.

그렇죠. 본청으로 가는 거죠. 지금도 마찬가지잖아요. 민원을 넣었는데 해결이 안 되면 시청으로 가잖아요.

구산동만 그렇지는 않았겠죠?

한두 군데가 아니었어요. 그 시대가 그랬죠. 예를 들어서 신림동의 경우에는 도시 형성이 늦게 되었어요. 원래는 도저히 사람 살 곳이 아니었죠.

작게나마 시설을 하려고 해도 제대로 못 했거든요. 민원이 엄청나게 제기되었어요. 나중에는 다 해줬지만요. 그쪽도 구산동 못지않게 문제였어요. 봉천동도 지대가 높으니까 문제였고요.

사당동도 고지대였죠?

맞아요. 일단 고지대가 문제였죠.

1980년대 한강 개발과 서울시 상하수도

1980년대 들어서면서 한강종합개발사업을 추진합니다. 한강 둔치에 공원을 만들면서 상수도랑 하수도 정비를 많이 했는데요. 자료를 보니까 1983년에 분리관로를 설치했다고 하더라고요.

오수배관하고 하수배관이 있어요. 2개가 섞이면 수질이 나빠지잖아요. 그걸 방지하기 위해 관을 분리하는 거예요. 외국에서는 다 그렇게 하거든요. 배운 거죠.

그리고 같은 해에 하수처리 암거매설공사를 했더라고요. 이전까지 암거매설공사가 잘 안되었나요?

하려고 했는데 돈이 없어서 못 했죠. 완벽하지 않았던 거죠. 그러다가 그때 나머지를 다 한 거죠. 다른 데 투자할 돈을 떼어서 한 거지. 86아시안

제2차 한강종합개발 기공식(1982년)

게임 전에 해야 했으니까요.

그러겠네요. 아시안게임이랑 올림픽을 개최하는데 말이죠.

그렇죠.

혹시 배수 문제로 수해를 입는 경우는 없었나요?

많았죠. 배수가 안 되어서 물이 차는 경우가 수두룩했었어요. 낮은 지역인데 하수랑 배수시설이 제대로 안 되어 있으면 항상 그랬어요. 하수펌프장을 만들어서 비가 올 때 물을 퍼서 올려야 하거든요. 그걸 못하면 침수가 나는 거죠. 1987년에 강남고속터미널에 물에 잠겼어요. 지하 아케이드까지 잠겨서 다 못쓰게 되었거든요. 원래 거기가 지대가 낮았어요. 배수가 안 되면 물이 차는 동네죠. 한강 수위가 올라가면 배수하도록 장치가 있어야 했거든요. 그런데 그때까지도 시설이 안 되어 있었어요. 그래서 문제가 되었어요.

선생님이 수도국에서 일하셨던 때가 1970년대에서 1980년대로 넘어가면서 물 공급을 늘리는 데에 주력했던 시기네요.

주로 그것에 신경을 썼죠. 그렇게 해야만 서울에서 사람들이 살 수가 있으니까요. 목표치 가까이 올렸어요.

그다음에는 수돗물이 안 나오는 게 아니라 수돗물이 좋은지 나쁘지가 문제가 되는 거였죠. 민원양상도 바뀌었고요.

1980년대로 접어들면서 가끔 수돗물 먹었다가 배탈이 난다는 얘기가 나와요. 검사를 여러 곳에서 했어요. 결과를 보니까 수질을 개선해야 한다고 했던 거죠. 시민들이 성에 차지 않으니까 생수를 사 먹는 거예요. 수돗물은 끓여 먹어도 되긴 해요. 그런데 이제는 안 먹겠다는 거죠. 살만하니까 안 먹는 거고요.

아까 선생님이 처음 수도국에 갔을 때는 헌책방에서 일제강점기 때 책으로

영등포정수장을 시찰하는 양택식 시장(1972년)

공부했다고 했는데요. 나중에 공과대학에서 상수도 관련 교재를 낸다거나 하지는 않았나요?

나중에는 우리나라에서도 많이 나왔어요. 1980년대 정도가 되면 우리나라에서도 많이 나왔어요. 학교에서도 많이 발간하니까요.

당시 정수장 소장 직급이 4급인 걸로 알고 있습니다. 그런데 그 밑에 5급 사무관이 없었다고 하더라고요. 인사 문제가 있었나요?

그랬죠. 거기엔 5급 사무관이 없었어요. 원래는 5급 사무관이 소장을 했거든요. 그런데 100만 톤 수원지를 만들면서 사무관으로는 안 되겠다고 했죠. 그래서 소장을 4급 서기관으로 앉혔던 거예요. 그러면 그 밑의 계장들을 사무관으로 승진을 시켜야 하잖아요. 그런데 이 사람들까지 승진시킬 필요가 없다고 생각했던 거였어요. 이 사람들은 그대로 두고 소장이 머리를 써서 컨트롤하라고 했던 거예요. 사람들을 너무 많이 승진시킬 수 없다는 거였죠. 그래서 보류한 거예요. 소장만이라도 서기관으로 올리고 컨트롤하면 된다고 했던 거죠.

서울의 인구증가와 열악한 급수 사정

아까 400L 물 공급을 목표로 했다고 하셨는데 여전히 단수가 일어나는 지역이 선생님께서 민간회사로 옮기신 1978년에도 많았죠? 제 기억에도 1978년이면 단수나 단전은 예사였는데, 서울시에서 1970년대 상수정책에서 강조한 것은 무엇인가요?

안정적인 급수죠. 고지대 문제가 있고 하니 순차적으로 어디 먼저 해결해야 하는지 살폈죠. 단계적으로 개선해서 오늘날처럼 된 거고요.

당시에는 서울의 식수도 문제지만 서울에 공단지역이 크게 확장된 시기였는데요. 구로나 영등포, 그리고 경인공단이 확장이 되었잖아요. 그런 공단들이 들어서면 물이 많이 필요할 것 같은데요.

공단이 들어선다고 해서 크게 늘지는 않았어요. 공단이 들어섰어도 비교적 잘 해결되었고요. 공단에서 물로 문제가 된 것은 없어요.

물 부족 지역의 경우 급한 대로 공동수도를 설치해서 주민들이 해결하도록 했잖아요. 혹시 우물을 설치할 때에도 지원을 해줬나요?

우물은 지원을 안 해줬어요. 그건 개인이 했어요. 수도국에서 그런 것까지 지원을 하지는 않았어요.

물이 부족한 지역들에 급수를 해 줄 때 우선순위는 어떻게 결정했나요?

구청에서 어디가 당장 급하다고 연락이 오면 급수과에서 판단해요. 어느

공동우물을 사용하는 시민들(1967년)

구청으로 나가라고 지시하는 거죠. 일단 한꺼번에 급하다고 하지는 않았거든요. 물론 구청에 전적으로 맡길 수는 없으니까 급수과에서 통제를 했죠.

1970년대 서울 인구가 계속 증가했습니다. 정수장 건설 계획을 세울 때 인구 증감을 어느 정도로 예상하나요?

그때 서울 인구가 500만을 넘어서 700만으로 가고 있었죠. 난리가 났었어요. 30만 톤을 증산해라. 50만 톤을 증산해라. 난리였죠. 게다가 나중에는 아시안게임이랑 올림픽까지 해야 하잖아요. 상수도가 안 되면 할 수가 없어요. 일단 계획은 5~10년 뒤를 감안해서 세워야 해요.

상수도 부문 공무원들은 1970년대 인구증가를 어느 정도 예측했나요?

몰랐어요. 게다가 나중에는 올림픽까지 한다고 하니까 더 급했죠. 청와대에서도 빨리하라고 했어요. 오로지 '해야 한다.'라고 했던 시대였죠.

예를 들어 당시 인구증가를 비유하면 연립주택에 6세대가 살고 있었는데 갑자기 20세대가 살게 된 거잖아요. 복잡해지잖아요. 갑자기 시설을 늘리자고 하면서 '하면 된다'라고 밀어붙이는 형국이었고요. 그럼 자연히 일하는 사람은 위에서 혼나고 밑에서 욕 얻어먹게 되거든요. 그때 일하시면서 많이 힘드셨겠어요.

시장이나 높은 사람들이 테마를 주고 우리들한테 연구하라고 시켰어요. 모여서 토론하는 거죠. 인구를 어떻게 할 건지, 집을 어떻게 할 건지, 그러다가 뭐하나 잘못하면 난리가 나는 거고요. 계획을 잘못 세우면 큰일

나는 거예요. 예를 들면 옛날에는 5인 1세대라면, 이제는 1인 1세대인 시대잖아요. 그걸 예측해야 하는 거죠. 물론 그렇게까지 늘어날 줄은 당연히 몰랐죠.

당시 고지대 주민들한테 급수차로 물 공급을 했잖아요. 그런데 급수차를 무작정 늘릴 수는 없었을 것 같은데요.

그랬죠. 늘리는 것도 한계가 있었죠. 몇백 대를 어떻게 갑자기 늘리겠어요? 못 늘리죠.

시정 관련 사진들을 보면 시청광장에 급수차들이 도열한 사진들도 있더라고요.

다 쇼였죠. 급수차를 들여왔다고 홍보하는 거였어요. 시민을 위로하는 거죠. '이렇게 급수차가 많이 들어왔다. 우리가 손 놓고 있는 게 아니다.'라고 쇼하는 거였죠.

사진 안에도 정치색이 녹아있네요.

그렇죠. 다 그랬었죠. 여기 세우고 여기서 찍으라고 지시해요. 나쁘게 얘기하면 쇼였던 거죠.

급수차는 물을 어디서 퍼왔나요?

급수차가 수원지에 가서 받아오는 거죠. 급수차 별로 자기 담당 구역이 있고, 지정된 곳이 정해져 있었어요.

❙ 서울 변두리 지역의 급수를 위해 동원되는 급수차(1970년)

'너는 어디 수원지에서 물을 가져와서 어느 지역에 갖다 줘라.'라고 하는 거네요.

그렇죠.

급수차는 어디에서 만들었나요? 차량을 외국에서 들여왔나요?

아니에요. 현대에서 만들었어요. 물탱크는 만들기 어렵지 않았어요.

▎청계천 공동수도(1970년)

공동수도 같은 경우에는 어떻게 운영했나요?

일단 공동수도는 돈을 안 받았어요. 집에까지 물을 주지는 못하지만 가져가게는 해 놓은 거죠.

집에까지 배달을 못 해주니까 집에는 알아서 가져가라고 한 거네요. 낮이든 밤이든 물이 나오거든 가져가라고 한 거네요.

그렇게밖에 해 줄 수가 없었던 거죠.

수도관이 낡아서 누수되는 것도 많았다고 알고 있습니다. 유수율을 높이려고 해도 노후관이 터져버리기도 하고요.

누수는 노후 말고도 원인이 많아요. 이음새라든가, 땅이 무너지면서 관이 휘기도 하고, 자연스레 누수되기도 하고요.

정수장의 확장과 수돗물 문제 해결

1960년대에는 보조정수장 같은 것도 만들었다고 알고 있습니다. 기존 정수장만으로는 물을 도저히 감당할 수 없죠? 그래서 만드는 게 신촌보조정수장이라고 들었습니다.

신촌 부근에 신촌보조정수장이라고 있었어요. 북한산에서 내려오는 물을 저장하는 곳이었죠. 물을 보내기 어려우니까요. 조그만 정수장을 만들어 둬서 하루에 1만 톤이라도 생산해서 어려운 사람들한테 급수를 하는 거예요. 한강에서 퍼오는 것보다는 낫죠. 3개 정도 만들었어요. 신촌 이외에 미아리랑 불광동에도 있었어요.

1만 톤 남짓이면 조그만 정수장이네요. 한강 근처에 만들었나요?

한강변은 아니고 서울 변두리에 한 거였어요.

신촌보조수원장 낙성식(1962년)

그런 보조정수장에서는 물을 끌어다가 염소 소독을 바로 하나요?

정수는 똑같이 해요. 수질이 틀리면 큰일 나죠. 급수를 하려면 수질은 정상으로 해야 해요.

보조정수장도 규모만 작았지만 절차는 같았다는 거네요.

맞아요. 수원지만으로는 안 되니까 보조정수장이 생긴 거였죠. 일단 급수시설을 해 놓고, 그다음에 발전한 다음에는 정리하는 거죠. 일시적 비상조치처럼 운영한 게 보조정수장이던 거죠. 그러다 인구가 감소하고 물이 남으니까 없앤 거고요. 어느 정도 안정이 되니까 정상이 된 거죠.

1965년에는 노량진에도 제2정수장이 들어섰다고 알고 있습니다.

맞아요. 그런데 그것도 3만 톤밖에 안 됐어요. 아주 작은 규모였어요. 그거라도 해야 했던 거예요. 물론 3만 톤이면 보조정수장치고는 큰 편이었죠.

구의동이나 뚝도에 비하면 작은 편이지만, 보조정수장치고는 큰 편이었네요. 보광동정수장은 1967년도에 들어서죠?

보광동정수장은 1967년에 공사를 시작한 걸로 알고 있어요. 거기 산이고 땅이 넓어요. 취수장은 한강이지만 그걸 높은 데로 펴 올리거든요. 서빙고 위에 고지대로 올라가는 길이에요. 아까 말했듯이 남산터널을 나가서 보면 넓은 데가 보여요. 용량도 30만 톤이에요. 제가 왔을 때 완공되었어요. 덕분에 그쪽 고지대 사람들이 걱정 없이 물을 먹고 살았어요.

정수장을 만들 때 원래부터 비어있는 땅이라면 상관없겠지만 거기에 사람이 살고 있다거나 정수장으로 부적절할 경우에는 정비공사를 하잖아요? 어떻게 정지공사를 하나요?

일단 그 지역이 정수장으로 확정되면 개인 토지는 사들여서 내보내죠. 서울시 땅이 되면 기본계획에 따라서 땅을 파서 하는 거예요.

보광동정수장을 보면 이중침전방식[10]을 사용해서 부지가 적게 들었다고 하더

10 이중침전방식(二重沈澱方式)은 침전지를 통과하는 구조물을 상·하 2단으로 설치하여 상단침전실을 통과한 원수(原水)를 하단침전지로 돌아가게 한 것으로 침전 효과를 배가시킨 것이다. 1967년 1월 완공된 보광동정수장이 해당 방식을 채택하게 된 것은 부지가 협소

라고요. 2층 형태의 정수장이었고요.

1층 침전지가 있고 2층 침전기를 만들면 2층이 되잖아요. 물이 2층으로 가면 1층으로 내려가지 못하도록 하는 거예요. 침전지에서 나온 물이 바로 여과지로 가서 수돗물로 생산되는 거죠. 위와 아래에 있는 물을 따로 흘려보내는 거예요. 간단히 말해 아래층과 위층으로 나눴던 거예요. 좁은 부지를 아껴서 쓰는 거죠.

쉽게 말해 2층 집과 같은 거네요. 단층으로 해서 옆에 침전지를 더 만들려면 부지가 많이 필요하니까요.

그렇죠. 일종의 아파트 같다고 해야겠네요.

그 시절 사진들을 보면 시장이 정수장 개통식에서 통수 버튼을 누르는 장면들이 많이 있더라고요.

그때는 물이 중요했어요. 물 나오는 걸 잘 보여줘야 했던 거죠.

시정 관련 사진들 중에서 정수장 사진에는 시장이랑 정치인들이 통수 버튼 누르는 것들이 꽤 있더라고요. 기념사진을 찍었던 것이 다 이유가 있었네요.

중요하니까 그렇게 사진을 찍었던 거죠.

하다는 이유 때문이었다. 그러나 이중침전방식은 오래 운영되지 못하였는데, 상단침전실에서 하단침전지로 원수가 유입되는 과정에서 응괴(凝塊, Floc)가 깨지고 침전지 바닥에 쌓인 침전물을 밖으로 끌어내기 어렵다는 기술적 결함 때문이었다.

보광동수원지 통수식에 참석한 김현옥 시장(1968년)

뚝도정수장은 1970년에 제4정수장까지 만들어졌던 걸로 알고 있습니다.

뚝도정수장은 땅이 넓어요. 그러니 조금만 만들었다가 모자라니까 더 지은 거죠. 그렇게 해서 4차까지 만든 거였죠. 항공사진을 보면 넓게 나와요.

일제강점기부터 거기가 정수장이었던 게 다 이유가 있었네요.

땅 좋고 넓은 데를 잡았죠. 왜정 때 일본 사람들이 거기를 딱 찍은 이유가 다 있었죠. 미리 지질과 지형 조사를 했으니까요.

영등포정수장은 어땠나요?

그쪽은 할 수 없이 하게 된 경우였어요.

1970년대 영등포 일대(1976년)

혹시 영등포공장지대가 커지면서 만들게 되었던 건가요?

아니요. 그렇지는 않았어요. 영등포 주민들 때문에 만든 거지요.

영등포정수장의 조감도를 보면 뚝도에 비해서 단조롭다는 느낌이 오더라고요.

그거야 뭐 땅이 없으니까 그런 거죠. 그나마 땅을 메워서 그렇게 된 거예요. 일단 영등포 쪽은 수요가 늘다가 보니 어쩔 수 없이 한 거였어요. 인구도 늘어났죠. 더구나 김포공항도 생겼잖아요. 화곡동 쪽도 사람이 늘어나죠. 그쪽까지 물 수요가 늘어났던 거죠.

선생님이 책임자였던 시기였네요. 그때가 양택식 시장 시기였죠?

제가 구의정수장의 제1·2·3정수장을 책임졌어요. 기본계획을 세운 다음에 1차, 2차, 3차, 다 추진했죠. 그렇게 증산을 해서 60만 톤을 채웠지요.

신촌보조정수장 같은 거는 정말 작은 거네요.

게임이 안 되죠. 지방에서도 60만 톤이면 놀랐어요. 그쪽들은 해 봐야 수만 톤밖에 못 했거든요. 1일 400L를 고려한 거였죠. 기본계획 자체를 말이에요.

도시 사람들이 최소한 목욕도 좀 하고, 그런 걸 고려한 양이었네요.

그렇죠.

하지만 인구는 생각보다 더 빨리 늘어났잖아요. 주택이나 교통뿐만 아니라 상수도 문제도 커졌을 것 같아요.

인구 예측은 상수도 쪽만 하는 게 아니죠. 종합적으로 고려해요. 일단 위에서 매년 오더order가 내려와요. '올해는 계획을 세울 때 예상 인구를 몇 명으로 잡는다.'라고 말이에요. 통계가 계속 나와요. 그냥 하는 건 아니에요. 그걸 기본계획에 반영하는 거죠.

그럼 1970년대 상수도공사 중에서는 60만 톤이었던 구의정수장 건설이 가장 큰 공사였네요.

상수도로서는 제일 큰 공사였어요. 전국적으로도 제일 큰 공사였어요.

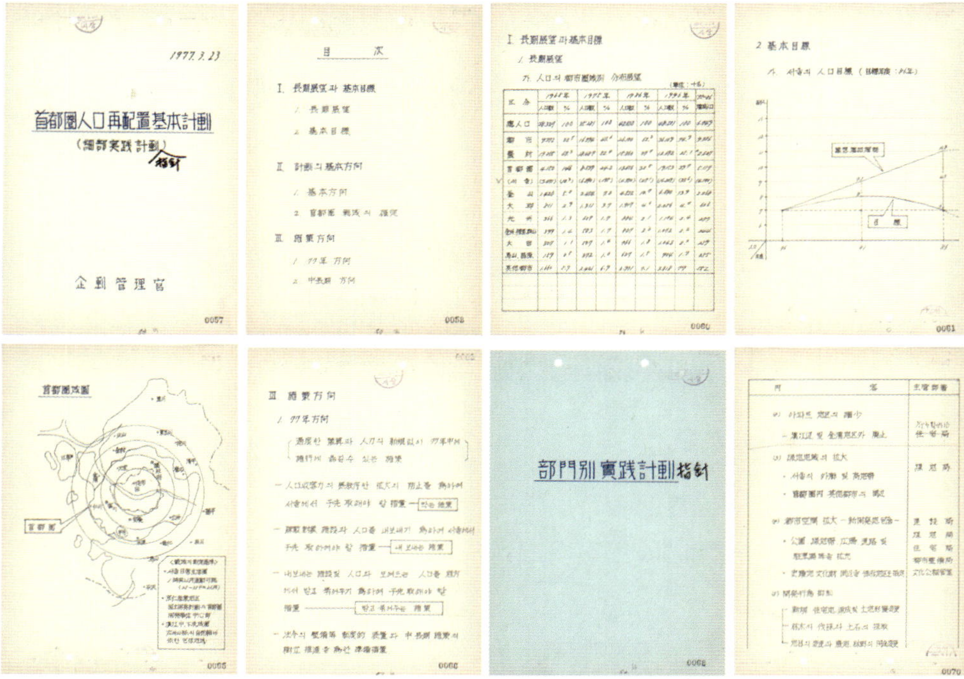

▍《수도권인구재배치 기본계획》(1977년)

그리고 1980년대로 넘어가면 수도는 너희들이 알아서 하라는 분위기로 바뀌었어요. 다음 단계로 가는 거죠. 한강개발을 하는 시대가 됐던 거죠.

그래서 둔치에 공원도 만들고 했던 거네요.

높은 사람들의 지시에 따라 움직이는 거죠.

1978년에 만든 선유정수장은 어떻게 만들어졌나요?

그것도 할 수 없이 한 거예요. 영등포수원지가 땅이 없잖아요? 그 근처에 정수장을 늘릴 수 있는 곳은 선유수원지밖에 없었던 거죠. 한강 중간에 있는 땅이지만 20만 톤 정도는 할 수 있었거든요. 그래서 한 거였어요.

어쩔 수 없이 만들다 보니까 그곳에 만들었군요.

서울시 땅 안에서 해야 하니 어쩔 수 없이 만들게 된 거죠. 억지로 한 거였어요.

그리고 지금은 선유도공원이 되었고요.

이제는 공원이죠.

난지도랑은 상관있나요?

난지도는 상관없어요. 선유수원지는 그대로 수원지이니까요. 그건 상관없어요. 말하자면 영등포하고 붙은 거죠. 한강 다리 바로 옆이에요.

1978년도에 선유정수장을 만들고, 2~3년 있다가 광암정수장을 또 만들죠?

한강 저 맨 위에 경기도 언저리에 만들었죠.

정수장 건설을 둘러싼 외국자본의 압박

1978년 선유정수장을 만든 다음에 경기도에 광암정수장이 지어졌습니다.

주한 프랑스대사를 접견하는 구자춘 시장(1976년)

그런데 이야기를 들어보니까 프랑스랑 청와대 쪽에서 압력을 넣었다고 하더라고요. 그때 프랑스 차관으로 만들었는데, 프랑스 쪽에서는 자기 나라인 데그레몽 회사의 기술이랑 설비를 쓰라고 말이요. 청와대에서도 프랑스 차관으로 짓는 거라고 하면서 말이에요.

우리는 화강암반에서 물이 나오는데, 유럽은 석회수 수질에 맞춘 거잖아요. 우리 현실에는 맞지 않는 거죠. 상수도 쪽 사람들은 처음부터 다 알고 있었어요. 제가 프랑스 데그레몽사에 가서 공부한 다음에 바로 서울시를 그만두었거든요. 그래서 그때 서울시가 싸울 때에 저를 불렀어요.

우리한테 안 맞는다는 걸 설명해 주는 역할이었겠네요.

그렇죠. 제가 거기 가서 교육을 받았잖아요. 이거는 우리한테 안 맞는다는 걸 설명했죠. 왜냐하면 돈이 많이 들거든요. 데그레몽사에 돈도 줘야 하죠. 시설도 돈이 많이 들어요. 우리의 기존방식하고 비교해보니까 예산이 30% 정도나 더 들더라고요. 우리가 직접 똑같은 시설을 만들 때 말이죠. 그리고 그렇게 돈을 빌리면 결국은 그네들 맘대로 해야 해요.

당시 정수장들은 차관으로 건설했잖아요. 돈 빌려준 나라의 요구가 어느 정도 있었을 테고요. 물론 설비나 기술이 우리랑 맞는지, 안 맞는지, 현장의 목소리도 분명히 있었을 테고요.

제대로 공부한 사람이면 알아요. 그리고 말해야 해요. 물론 그게 보통 어려운 게 아니야. 청와대에서 오더가 내려오는 거는 국가적으로 움직이는 것이거든요. 차관을 받았으니까 그건 외국과의 문제가 생기는 거니까요. 좋은 기술인지는 문제가 아니에요. 국가를 위해 움직인다고 하거든요. 조그만 거는 그냥 받아들이라고 하는 거죠. 솔직히 우리 같은 사람들이 싸워서 이길 수는 없어요.

그럼 어떻게 해요?

만약 그렇게 되면 자기는 상관에게 일단 보고서를 내고, "저로서는 반대합니다. 도저히 못 합니다."라고 밝혀야죠. 그냥 넘어가면 안 돼요. 후배들에게도 가르쳐 줘야 하고요.

다른 분들의 얘기를 들어보면 연수 다녀온 나라의 기술이나 설비를 선호하는 경향이 있다고 하더라고요. 일본에 다녀온 사람은 일본, 미국에 다녀온 사람은 미국, 프랑스에 다녀온 사람은 프랑스 편을 드는 사람이 되어 왔다는 겁니다.

그것도 맞아요. 그런 게 다 맞물려 있던 거죠. 저도 프랑스에 갔잖아요. 그네들도 우리들한테 그렇게 교육을 시키는 거죠.

프랑스 같은 외국 사람들이 선생님을 연수시켜 준 이유도 자기네 기술과 자본을 갖다 쓰도록 하기 위한 것도 있었겠네요.

맞아요. 일종의 정치라고 해야 할까요? 자기네 회사를 홍보하는 거예요. '네가 프랑스에 와서 우리 회사를 좀 봐라. 파리에 있는 이러이러한 회사다. 그러니 너랑 우리랑 같이 하자.'라는 거였죠. 교육이라는 게 사실 그런 거예요.

교육이라는 게 그런 의미도 있었네요. 공짜가 아니었네요.

그럼요. 그런 의미였어요. 공짜가 어디 있겠어요?

서울시에서도 그런 걸 알고 직원을 보냈나요?

어차피 차관협정에 따라 보내게 되어 있었어요. 그리고 원래 저는 갈 수 없는 케이스였어요. 원래는 토목 쪽에서 갈 수 있었는데 그동안 고생했다는 의미로 저를 보내준 거였죠.

전차사업을 정리하고 수도국에 와서 또 고생했다고 보내준 거네요.

그런 거 같아요.

말하자면 사후 보상 성격의 연수를 보내준 거 같기도 하네요. 당시에는 가장 많은 현장 경험을 지닌 분이었으니까요.

그럴 수도 있겠네요. 큰 정수장들을 건설하면서 하나도 미스가 나지 않았거든요. 펌프를 선정하면서 그동안 문제가 많았는데, 제가 오면서 그걸 딱 잡아냈거든요. 아무도 손 못 댔어요. 펌프 선정이 제일 중요해요. 이거 잘못 선정하면 그걸로 끝이에요. 그러니까 제가 하자는 대로 했어요. 다른 사람들이 간섭 못 했어요.

군대에서 무기 선정 잘못해서 전쟁에서 패하는 거랑 비슷하네요.

그렇죠. 펌프 선정을 잘못하면 하루아침에 망해요. 펌프장이 올스톱이 돼요. 그걸 제대로 하기 위해서 죽어라 공부했던 거죠. 이것저것 다 검토하는 거죠. 제가 전국을 다니면서 교육했잖아요. 어떤 질문이 들어와도 다 대답했어요. 그만큼 제가 잘 알고 있으니까요. 만약 A와 B가 있는데 B로는 갈 수 없다. 정확히 이유를 설명해 주거든요. B의 능력이 100이라면 A의 능력은 110이라는 걸 알려줘요. 그런데 왜 B로 가겠어요? 그럼 할 말이 없거든요. 하나하나 다 설명을 해줬거든요. 그럼 반응이 와요. "당신은 공무원일 뿐인데 어떻게 그렇게 잘 아느냐? 이건 펌프 만드는 사람도 모르는 거다."라고 말이에요.

1970년대까지 AID 차관[11] 이나 ADB 차관[12] 등이 들어왔잖아요. 결국 외국의 기술과 자본으로 기간시설을 만든 거잖아요. 그렇게 하면 상수도나 한강 다리를 만들 때 우리가 제 목소리를 낼 수 있었나요? 차관을 준 나라에서 어느 정도 압력을 가했나요?

다 그랬죠. 방법이 없잖아요. 이자가 비싸도 할 수 없어요.

선생님보다 먼저 프랑스 데그레몽사으로 연수를 갔다 온 직원은 없었나요?

먼저 간 사람들은 없었어요. 제가 갈 때 저랑 전기, 토목 이렇게 3명이 갔어요. 저는 과장으로 갔던 거고, 토목이랑 전기는 기사가 갔죠. 제가 제일 높은 직급으로 갔던 거였죠.

선생님께서 수도국에서 일했던 동안은 우리나라 공업시설이 엄청 늘던 시기였는데요. 공업용수 수요량도 많이 늘어났나요?

그래서 공사를 한 거죠. 상수도랑 달라요. 공장으로 직접 보내주는 거였죠. 우리나라만 그런 게 아니에요. 외국도 다 그렇게 되어 있어요.

---

11 AID차관은 개발도상국의 경제개발을 위해 미국이 제공하는 장기융자의 하나이다. 1951년에 제정되었던 상호안전보장법(Mutual Security Act)에 근거한 개발차관기금(DLF)의 후신으로 미국 대외원조법(FAA) 중의 경제원조 분야인 국제개발법(Act for International Development, AID)에 근거를 두고 있다. 미국의 대외원조 공여방식이 원조에서 차관으로 전환됨에 따라 DLF와 AID차관이 미국 대외원조의 주종이 되었다.

12 ADB차관은 1973년 아시아개발은행(ADB)이 연차총회에서 개발도상국에 대한 저리차관 자금을 대여하기 위해 설치된 기금으로 1974년부터 운영하였다. 융자조건은 무이자, 상환기간은 40년, 지불유예기간은 10년, 대출수수료는 1%였다.

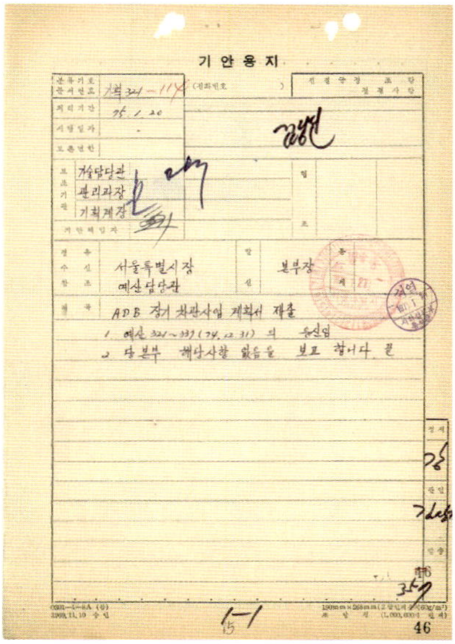

기안용지

서울특별시장

예산담당관

ADB 장기 차관사업 계획서 제출

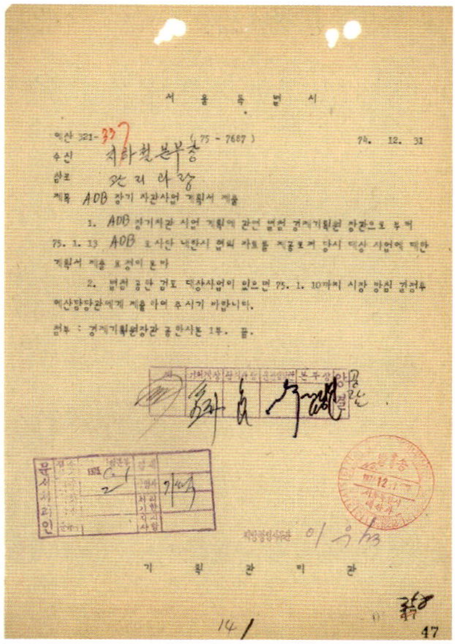

서울특별시

수신 치하천본부장

제목 ADB 장기 차관사업 계획서 제출

기획관리관

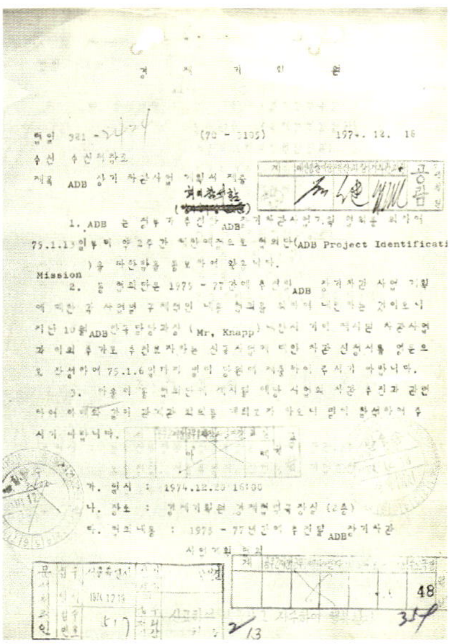

경제기획원

제목 ADB 장기 차관사업 계획서 제출

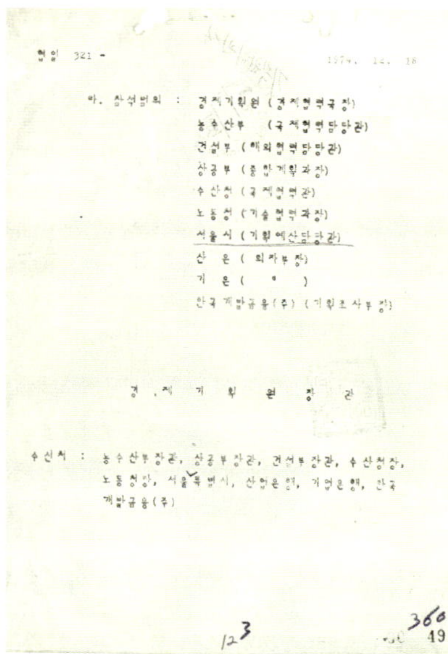

아. 참석범위 : 경제기획원 (경제협력국장)

농수산부 (국제협력담당관)

건설부 (해외협력담당관)

상공부 (종합기획과장)

수산청 (국제협력관)

노동청 (기술협력과장)

서울시 (기획예산담당관)

산은 (외자부장)

기은 (")

한국개발금융(주) (기획조사부장)

경제기획원장관

수신처 : 농수산부장관, 상공부장관, 건설부장관, 수산청장, 노동청장, 서울특별시, 산업은행, 기업은행, 한국개발금융(주)

1970년대 ADB차관사업 계획서를 요청하는 공문

먹고 마시는 생활용수랑 다르네요. 시설 공사비도 다르나요?

1/3밖에 안 돼요. 그래서 공업용수라고 해요.

역시 사람 입에 들어가는 물이랑 다르군요.

다르죠.

한전(경전)에 계시다가 서울시 전차사업부로 특채되었을 때 월급은 어땠어요?

서울시로 오면서 1/3로 줄었어요. 그러니 다들 뇌물로 살았죠. 다른 방법이 없었거든요. 실은 저도 그랬어요. 이건 뭐 살 수가 없었죠.

그랬군요. 만약 그대로 한전에 있었으면 그럭저럭 먹고 살만 했겠네요.

그럭저럭 정도가 아니에요. 한전에서 저는 쌀 12가마니를 받았어요. 1959~1960년이었어요. 그때 쌀 12가마씩 받았어요.

그러다가 서울시로 오니까 월급이 1/3로 줄었고요.

그것도 과장으로 갔는데도 그 모양이었어요. 1계급 특진해서 갔는데도 말이죠.

집에서는 사모님이 뭐라고 안 하셨어요? 집에 가져오는 월급이 1/3 토막이 났는데 말이에요.

아내는 교직에 있었어요. 일단 당장은 조금 어려워도 조금 지나면 괜찮을 거라고 했어요. 제가 서울시 과장으로 갔다고 하니 자기 친구들이 복 받았다고 했대요. 그걸 위로라고 생각하고 참고 살아야겠다고 하더라고요.

월급은 적어도 참고 살아보자고 했네요.

제가 매일 야근하고 집에도 못 들어가고 그랬지만 과장이 되었으니까요. 그걸 위로로 삼고 살았던 거죠.

서울시에서 효성으로 이직

1978년도에 효성으로 옮겨가시죠?

와서 일해 달라고 했어요. 이사 자리는 시켜주겠다고 했죠. 당장 이사 자리를 주기는 어렵지만 일단 이사 봉급을 준다고 했어요. 그래서 갔어요. 일단 부장으로 가서 3년 동안 일했죠. 봉급은 이사 월급을 받고요.

서울시에서 퇴직할 때의 월급이랑 사기업으로 가서 처음 받은 월급이랑 차이가 얼마나 됐나요?

가니까 서울시 월급의 3배였어요.

한전에서 서울시로 가니까 1/3로 줄었고, 다시 사기업으로 가니까 다시 3배가 되었네요. 원상 복귀했네요.

그렇다고 할까요? 그리고 3년 있다가 정식으로 이사를 시켜줬죠. 그렇게 하다가 1990년에 나왔어요. 나이를 먹으니까 힘에 부치더라고요. 심장병으로 병원에 입원도 하고 그랬거든요. 그렇게 나와서 1년 정도 쉬고 있는데 중소기업에서 저한테 도와달라고 해서 거기 부사장으로 6년 정도 일하고 1997년에 그만두었죠.

효성에서는 어떤 일을 하셨나요?

일단 전국을 다니며 일반 기계 관련 일은 받아다 회사에 주고 납품했죠. 회사 영업을 하면서 기술을 제공한 거죠.

단지 서울시 일만 한 게 아니었네요.

서울시만 해서는 어림없죠. 그리고 상수도뿐만 아니라 기계나 전기 등등, 할 수 있는 거는 다 했어요. 대기업에서 임원을 하려면 보통 실력을 가지고는 안 돼요. 하다가 실적이 없으면 곧바로 나가라고 하거든요. 나가면 끝이죠. 떠나기 싫으면 죽어라 해야 해요. 전국을 다니며 일을 가져와야죠. 사정도 하고요.

전국을 그렇게 영업하러 다니셨네요.

동창이든, 선후배이든, 도와줄 사람은 도와주고, 필요한 곳에서는 불러주고, 많은 도움을 받고 살았던 거죠.

전국적으로 교육을 다니셨다는 것도 다 이유가 있었군요.

그러니 밥 먹고 살았던 거죠. 젊을 때에는 서울시에서 기술을 배워서 일하고, 그 바탕으로 전국을 다니면서 일했던 거고요.

네, 장시간 동안 수고하셨습니다. 말씀 잘 들었습니다.

수도관 인입공사 정액제 덕분에 재정적으로 혁명이 왔죠

면 담 자　이연식(일본 소피아대 외국인연구원)

면담주제　서울시정과 공무원들(상하수/방재)

면담일시　2020년 8월 25일

면담장소　서울시 서초구 서초동 아르고연구소

김의재

1937년 충청남도 보령군 출생

1962년 서울대 법대 행정학과 졸업

1962년 한국전력 입사

1966년 서울시 전차운수사업소 업무과장

1982년 서울시 수도국 업무과장

1987년 동작구청장

1988년 중랑구청장, 성북구청장

1990년 서울시 감사관

1994년 서울시 상수도사업본부장

1995년 서울시 기획관리실장, 제1부시장

1998년 국가보훈처장

1999년 제15대 국회의원

서울시 수도국 업무과장 시절의 수도 유수율

이번 시간은 이번 면담은 '서울의 상하수도와 공무원들'이라는 주제로 실시하는 서울역사편찬원의 구술채록입니다. 오늘은 김의재 선생님을 모셨습니다. 선생님께서는 1962년 한국전력에서 근무를 시작하셨고, 1966년 서울시 전차운수사업소 업무과장으로 오시게 됩니다. 그러다가 1982년 서울시 수도국 업무과장을 지내셨고, 1994년 상수도사업본부장을 지내셨습니다. 이후에는 서울시 기획관리실장, 제1부시장을 지내셨습니다. 우선 서울시로 처음 공직 생활을 시작하셨을 당시에 대해서 말씀 부탁드리겠습니다.

제가 학교 다닐 때는 중구 신당동에 살았어요. 그런데 거기가 왕십리 가는 길에서 보면 조금 지대가 약 10m 정도 높아요. 지금도 보면 알 수 있어요. 거기서 오래 살았거든요. 그 정도 높이에는 수도가 안 나왔어요. 공동수도에서 물지게로 져다가 먹었어요. 수도가 나오는 집은 일등주택이었죠. 부러워했죠. 공동수도에는 물통이 죽 늘어서 있었어요. 순서대로 받아서 지게를 지고 올라와서 먹고 그랬어요. 수도라는 건 말이지 도시 생활에서 필수적인 거예요. 잘 나오는 동네는 정말 부러웠어요.

한국전력에 계시다가 서울시로 오신 계기에 대해 알고 싶습니다.

제가 한국전력에 입사해서 동대문에 있는 전차사업소로 배치를 받았

| 공동수도에서 물지게를 지고 가는 아이들

습니다. 2년 정도를 근무한 다음에 본사 기획실로 파견 근무를 하게 되었죠. 그런데 당시 정부 계획으로 서울의 노면전차를 철거하기로 했어요. 한국전력과 서울시가 협의하여 전차사업을 서울시로 이관하도록 협의를 했죠. 이 계획을 추진하게 되면서 자연히 전차사업소 소속인 제가 서울시 운수국에 파견되어서 인수인계 작업의 실무를 담당하게 되었죠. 서울시 책임자는 이규효 운수국장이었습니다. 약 2개월에 걸쳐서 작업을 마치고 나니까 이규효 국장이 저한테 그러더라고요. "전차 사업이 워낙 복잡하고 노동조합도 강하기 때문에 서울시 공무원이 경험 없이 인수하면 운영에 위험 부담이 있다. 경험이 있는 한전 출신이 서울시로 와서 초기 운영을 맡아 달라."고 말이에요.

실은 이규효 국장이 저한테는 법대 선배이기도 해요. 그 제안을 받고 사무관 특채 과정을 거쳐서 서울시 공무원으로 오게 되었던 겁니다. 서울시로 이관된 이후 서울시 전차사업소에는 소장은 서울시에 계시던 서기관이 임명되었고, 나머지 서무과장, 업무과장, 공작창장工作廠長 등 사무관 3명과 계장급(주사) 8명은 모두 한전에서 온 분들로 특채 발령해서 운영체계를 갖추어 가게 되었습니다.

이후 1982년 수도국 업무과장으로 가시게 됩니다. 당시 수도국 업무는 어땠나요?

당시 겨울이면 동파도 많았습니다. 일단 수도 유수율[1]을 말씀드릴게

1 유수율이란 정수장에서 생산하여 공급된 수돗물의 총수량 중에서 요금 수입으로 집계된 수량의 비율이다. 유수율이 높을수록 누수된 수돗물의 감소를 의미한다.

수도국 회의 모습(1973년)

요. 당시 수도국 업무과장으로 가보니까 유수율이 50% 정도였어요. 수원지에서 100을 생산하면 수도요금으로 회수되는 양이 50%도 안 되는 수준이었어요. 연말결산 때에는 유수율을 가지고 생산부서와 업무부서 간에 다툼이 있을 정도였으니까요. 저는 이해를 못 하겠더라고요. 유수율이 48%인지, 52%인지를 두고 다투는 걸 말입니다. 실은 생산량의 절반이 누수가 되는 것이 문제잖아요. 유실되고 50%밖에 요금으로 증수되지 않는다는 것 자체가 큰 문제라는 거죠.

왜 그런 문제가 발생했나요?

원인을 알려면 일단 현장 점검을 해야겠죠. 당시에 누수처리반이 가동되었는데 픽업차 한 대에 누수복구장비랑 복구인원이 배치되어 있었

❙ 상수도 긴급 복구공사 모습(1972년)

거든요. 현장에 출동해서 작업을 진행했는데, 제가 직접 누수복구 작업장에 동행했던 겁니다. 현장 파악을 하기로 작정하고 숙직도 자청했어요. 현장을 동행했던 거예요. 그런데 현장에 가서 보니까 수도관 매립을 원래 1.1m로 해야 하는데 누수지점의 관들은 70~80cm 정도더라고요. 제대로 깊이 매립하지 않았던 겁니다. 얕게 묻으면 겨울에 조금만 추위가 와도 관이 얼어서 파괴되고 누수가 되거든요.

또 골목마다 가정인입관이 거미줄처럼 여러 개가 엉켜있었어요. 가정인입관은 집 앞의 큰 관에서 간단하게 따서 인입시키는 공사거든요. 메인 수도관이 멀리 있으니 먼 거리를 끌고 오려고 보니까 골목마다 관이 엉켜있었던 겁니다. 관 공사에 따른 공사비도 메인 관에서의 거리에 따라 제각각이고요.

문제가 복잡하게 얽혀 있었네요.

서울시 도시개발이 계획적으로 이뤄졌다면 그런 문제가 발생하지 않았겠지요. 지역별 수도의 수요량도 계획적으로 이뤄지고 그에 따른 수도의 배관도 계획적으로 되어 있다면 말이지요. 하지만 서울은 광복이랑 전쟁을 겪으면서 급격하게 발전했죠. 산업화도 있고요. 인구가 급격히 집중되었잖아요. 그에 따른 공급시설이 계획적으로 이뤄질 수가 없는 겁니다. 그때그때 땜질식으로 이뤄지고 있었던 거예요. 수도에서의 배관도 그랬던 겁니다. 매립 심도 문제도 마찬가지였습니다. 그리고 당시 수도관 공사업자가 600곳이나 되었어요. 그 사람들이 원칙을 준수하기 않고 부실시공을 했기 때문으로 진단을 했던 겁니다.

해결책이 있었나요?

우선 수도사업은 일반회계와 분리되어 있어요. 독립회계로 운영되니까 외부 회계법인에 의해서 연도별로 결산을 하게 되어 있어요. 그래서 회계법인한테 1979년부터 1981년까지 3년 동안의 총 수도관 인입공사 건수를 산출하라고 했죠. 가령 15만 건을 했다면 공사비 총액이 얼마인지 다 뽑으라고 했어요. 그렇게 3년 동안의 금액 평균을 산출했더니 29만 원이 나오더라고요. 평균 29만 원이라는 숫자였죠. 그리고 당시에 공사 때 가산되는 가입비가 7만 2,000원이었어요. 이걸 더해서 36만 2,000원을 뽑아냈죠. 앞으로 가정관 인입공사비는 실비가 아니고 36만 2,000원으로 정책화를 했습니다. 그리고 기존에 거미줄처럼 얽혀 있는 관을 정리해서 배관원칙에 맞게 수도관 배관을 하게 했어요.

그리고 가정인입관 공사를 하던 600개나 되던 업체들을 모두 취소했습니다. 새로 〈건설업법〉에 의해 면허를 받아서 공사를 하도록 조치를 했고요.

수도관 인입공사 정액제를 서울시 〈수도조례〉로 명문화

그럼 정액제 이전까지지는 큰 관이 바로 옆에 있으면 집 지을 때 돈이 덜 들었네요.

그렇죠. 메인 수도관이 있는지, 없는지에 따라서 막 달라져요. 50만 원, 100만 원, 200만 원, 다들 달랐어요. 일종의 실비 정산제였죠. 그리고 그 일을 하는 업체들도 많았어요. 2~3명으로 돌아다니면서 하니까 회사 숫자가 600개였어요. 게다가 제대로 교육도 안 되어 있는 사람들이에요. 부실 시공을 하는 것이지요.

총체적으로 문제가 있었네요. 그리고 그걸 해결하기 위해서 정액제를 실시한 거고요.

50평을 기준으로 해서 36만 2,000원만 내면 된다는 거죠. 〈수도조례〉[2]

2 이것은 1981년 8월 10일 서울특별시조례 제1528호로 〈서울특별시급수조례〉가 개정된 사실을 말하는 것이다. 주요 내용은 상수도급수공사비를 이전의 실비정산제에서 정액제로 바꾸는 것이었다. 정액공사비의 산출방법은 간선배관 및 수요가 인입급수공사에 소요되는 재료비, 노무비, 도로복구비, 양수기 대금, 일반행정관리비 및 자재 검사와 준공검사, 설계 수수료 등 공사에 소요되는 비용을 합산한 금액으로 하였다.

에 넣어서 딱 확정을 했어요. 이전까지 다르게 냈던 걸 고쳐야 했던 거예요. 선진도시로 가려면 근본적으로 고쳐야 한다고 생각했어요. 그래야 수압도 일정하게 나와요. 그때 이걸 한 거예요. 지금은 유수율이 96%까지 나와요. 다른 공무원들은 그런 일이 있었는지 잘 몰라요.

우리나라 상수도 사업의 일대 혁명이었네요.

맞아요. 수도관 인입공사를 하면서 시민부담을 더 늘리지 않고 평균을 내자고 했던 거죠. 시민들은 손해 보는 게 없어요. 수도가입비를 포함해서 36만 2,000원만 내면 수도관을 넣어 주는 거죠.

그리고 조례로 명문화시켰고요.

그렇죠.

바꾼 효과는 어땠나요?

당시는 시의회가 없으니까 총리실에서 조례 승인을 받았어요. 그런데 정책이라는 것도 다 운이 있는 것 같아요. 딱 운이 좋았다고 할 수 있어요. 이걸 하니까 1984년에 240억 정도 흑자가 났어요.

정말 잘 바뀌었네요. 상수도 부문에서는 1970년대에서 1980년대로 넘어가 때 중요한 키워드는 유수율이었네요.

그렇죠. 100을 생산하는데 50밖에 쓰지를 못한다는 건 말이 안 되는 거였죠. 그걸 바꿔야 했던 거죠. 그리고 그전까지는 돈을 꿔서 했는데,

▎건설 중인 개포지구 아파트단지 전경(1982년)

이렇게 인입공사비를 통폐합하니까 돈이 남더라고요.

방금 말씀하신 운이 좋았다고 했던 건 어떤 내용인가요?

정책이란 게 운도 따라야 해요. 그게 참 재미있어요. 당시에 남부순환도로에 2,200mm 관이 2개가 들어가 있어요. 그런데 그 앞에 미도아파트, 선경아파트, 경남아파트, 우성아파트가 쫙 들어섰던 거예요. 한 집에 36만 2,000원이라고 했잖아요. 그럼 1,000세대로 잡으면 3억 6,200만 원이에요. 그런데 아파트 가까운 데 큰 관이 들어가니까 공사비가 3,500만 원이면 되더라고요. 그러니까 돈이 남는 거예요. 이 제도가 참 잘 된 거였죠.

아파트 붐이랑 맞물렸네요.

상수도 쪽에서는 재정적으로 일대 혁명이었던 거예요.

운도 잘 따라줬고요.

다른 일도 했지만 수도관 인입정액제를 한 건 참 잘한 거예요. 수도 역사에 일대 변혁이였던 거죠. 그리고 시기도 잘 맞았고요.

역시 정책도 운이 따라야 하네요.

남부순환로 뿐만 아니에요. 다른 지역도 아파트가 들어섰잖아요. 서울에 그때 아파트가 우후죽순처럼 들어섰고요. 그렇게 해서 돈이 남으니까 재정이 개선된 거죠. 그 여유재정으로 관 정비를 할 수 있었고요.

서울시 〈수도조례〉 변경에 대한 건설업자들의 불만과 건설부의 압박

그런데 그렇게 만든 〈수도조례〉가 없어질 위기가 있었다면서요?

맞아요. 문제가 생겼어요. 하루는 총리실에서 연락이 왔어요. 반충남 씨라고 서울시에 제 후임으로 오기도 했던 직원이에요. 이 사람이 총리실에서 서울시 담당 서기관으로 있었어요. 그런데 저한테 연락을 하더라고요. 큰일이 났대요. 총리가 〈수도조례〉를 다시 원상 복구하라고 했다네요.

그래서 뭐라고 했나요?

아니, 그걸 말이라고 하냐고 했죠. 조례가 잘 돌아가고 있다고 했죠. 그리고 그럼 당신들은 눈이 나빠서 그 조례를 승인했느냐고 했죠. 그러니까 그쪽 논리를 이야기하더라고요. 그때 건설부 장관이 육군 소장 출신[3] 이었어요. 장관이 총리에게 와서 〈수도조례〉가 〈주택건설촉진법〉에 저촉이 된다고 했다는 거예요. 〈주택건설촉진법〉[4] 을 보면 주택을 지을 때 서울시에서 상하수도를 협조하게 되어 있거든요. 그런데 건설업자들이 장관한테 가서 "서울시가 수도비를 엄청나게 받아 챙긴다."라고 항의했다는 거예요. 그러니까 건설부 장관이 총리에게 가서 이야기한 거고요. 〈수도조례〉가 〈주택건설촉진법〉에 저촉이 된다고 말이죠. 바꿔야 한다고 말이에요.

---

3 당시 건설부 장관은 김종호(金宗鎬)였다. 1926년생으로 전남 광양 출신이다. 부산상업고등학교를 졸업하고 서울대학교 상과대학을 중퇴하였다. 이후 육군사관학교를 8기로 졸업하고, 주월한국군사령부 참모장, 대한민국 육군본부 군수참모부 보급처장, 제6보병사단 사단장, 국방대학교 대학원 부원장, 국방부 군수국장 및 군수차관보 등을 역임하고, 육군 소장으로 예편하였다. 이후 한국종합화학 감사, 아시아자동차 부사장, 극동철강 사장 등을 거쳤다. 1980년 5월부터 1982년 1월까지 관선 전라남도지사를 지내다가 1982년 1월부터 1983년 10월까지 건설부 장관을 역임하였다. 이후 김영삼 정부 시기에는 국토통일원 자문위원과 한국증권거래소 이사장으로 재임하였다. 한편 장관 시절 추진했던 을지로2가 재개발 사업의 비리에 연루되어, 1988년 구속되었다. 1994년 사망하였다.

4 〈주택건설촉진법〉은 1977년 12월 31일 제정됐다. 국민의 주거생활 안정을 도모하고 모든 국민의 주거수준 향상을 기하기 위해 주택의 건설·공급과 이를 위한 자금조달·운용 등에 관해 필요한 사항을 규정하였다.

조례가 상위 법률인 〈주택건설촉진법〉에 저촉이 된다고 했던 거네요.

맞아요. 장관이 와서 총리에게 그렇게 말했다고 하더라고요. 그래서 제가 말했어요. "당신 말이야. 그 자리 비워. 내가 그 자리에 앉을게"라고 말이에요. 우리가 개인적으로는 친하거든요. 그랬더니, "아니, 그러지 마세요."라고 그래요. 그래서 제가 "총리가 장관에게 절절매고 건설부 장관 한마디에 조례를 개정하겠다고? 내가 있었으면 당장 가서 박살을 냈을 거야"라고 그랬죠.

문제를 해결할 방법이 있었나요?

그 친구도 방법을 가르쳐 달라고 했죠. 그래서 일러줬어요. 총리에게 이렇게 말씀을 드리라고요. 〈수도법〉에 의해 〈수도조례〉를 제정할 때 아무 문제가 없었다고 말이죠. 그리고 이 조례가 총리실의 지시로 제정한 게 아니었다는 것도 말해 줬어요. 그러니 건설부와 서울시가 협의해서 해결하는 것이 좋겠다. 총리가 그런 일까지 관여할 만큼 한가하지 않다. 그러니까 내가 가가서 건설부랑 싸워서 해결하겠다고 말이죠.

그분 연배는 어떻게 되시나요?

저보다는 약간 아래였어요. 개인적으로 친해서 농담도 많이 하는 사이에요. 일단 그렇게 해 놓으니까 1주일 정도 있다가 건설부의 주택관리과에서 연락이 오더라고요. 우리 서울시 국장한테로 말이죠. 이 문제로 회의를 하겠다고 하면서요. 건설부 차관실로 오래요. 그런데 당시 건설부 차관이 이규효 씨[5]였어요. 아까 서울시 운수국장을 했다고 말했던 그분이에요. 제가 한전에 있을 때 전차 인수인계 작업을 같이 했던 분이었으니까 친한 사이였죠.

개인적으로도 인연이 있었나요?

그렇죠. 대학교 3년 선배거든요. 생기기도 잘 생기고, 실제로 보면 사람이 매력 있었어요. 그런데 우리 서울시 쪽은 박원선 씨가 막 국장으로 왔던 때였어요. 김천 사람인데 아주 양반이었어요. 한양대 토목과를 나오셨죠. 그래서 제가 말했어요. "국장님이 가시면 안 됩니다. 이 차관은 제가 잘 알지 않습니까? 그러니 제가 가겠습니다. 가서 한바탕 하고 오겠습니다."라고 했죠.

가서 직접 담판을 지었네요. 흥미진진하네요.

제가 그 일을 직접 한 사람이니까요. 사실 국장도 내용을 잘 모르거든요. 조례가 어떻게 해서 만들어졌는지 전후 상황을 자세히는 몰라요. 정책이라는 게 원래 입안해서 추진한 본인이 아니면 애정이 없어요. 지금 수도국에서도 이걸 아는 사람이 없을 거예요. 그래서 자료를 가지고 아무도 안 데리고 혼자서 갔어요. 저는 자신이 있었거든요. 이것

---

5 이규효(李圭孝)는 1933년생으로 경남 고성 출신이다. 진주사범학교와 서울대학교 법대 행정학과를 졸업하였다. 제10회 고등고시 행정과와 사법과에 합격하고 내무부 사무관이 되었다. 용산구청장, 농림부 농정국장 등을 지냈고, 국가보위비상대책위원회 건설분과위원장을 역임하였다. 1980년부터 1982년까지 건설부 차관을 지냈고 1982년부터 1985년까지 경상남도지사로 재임했다. 이후 1985년부터 1986년까지 내무부 차관을 역임하였다. 1986년부터 1987년까지는 건설부 장관으로 활동하였다. 그가 건설부 장관이던 시절 평화의 댐이 건설되었다.

만큼은 밤잠 안 자고 현장 직원들 따라다니면서 어렵게 만들었잖아요. 장관이 아니라 그 어떤 사람이 오더라도 싸워야죠.

그게 몇 년도였나요?

1982~1983년도 사이였어요. 아무튼 혼자 갔죠. 건설부에 가서 "서울시 업무과장 김의재입니다. 차관님이 회의가 있다고 해서 왔습니다."라고 했더니 거기 여비서가 "회의는 국장실에서 하기로 했습니다."라고 하더라고요.

그때 이규효 차관이 서울시 선배라고 하지 않았나요? 왜 회의를 차관실이 아니라 국장실에서 하자고 했죠?

제가 온다니까 그런 거 같아요. 저하고는 나쁜 이야기할 처지가 아니잖아요.

같은 서울시 출신이라서요?

서울시 출신이라도 모르는 사람은 모르죠. 말했듯이 일단 제가 공무원 생활을 시작한 것도 이규효 씨 때문이었잖아요. 그런 깊은 인연이 있었으니까요. 제가 전차사업소를 서울시로 이관하는 일을 할 때 이규효 씨 방에서 했잖아요. 제가 한전 대표로 서울시와 협약을 맺으러 왔다가 그 방에서 2개월 동안 이관업무를 했죠. 그러니 얼마나 친하겠어요? 그런데 당시 제가 일하는 걸 보고 당시 이 차관이, "한전은 네가 발전하기에 한계가 있다. 우리가 사무관 특채를 할 테니까 서울시로 와라."라고 해서 서울시로 오게 된 거고요. 그러니까 저하고는 특수한 관계인 거죠. 저랑은 아무런 얘기나 다 할 수 있는 사이인 거죠.

친한 사이였네요.

그렇죠. 그런데 이 양반이 자리를 피하고 국장실로 가라는 거예요. 그래서 제가 인사나 좀 하고 가겠다고 했더니 다른 손님이 있어서 안 된다네요.

피하려고 했네요.

맞아요. 이 양반이 저를 안 만나 주는 거죠. 그 양반도 제가 경우 없는 이야기를 안 하는 걸 다 알거든요. 나중에 알았는데 그때 국장이었던 분이 김보근 씨였어요. 그리고 김 국장이 이규효 차관이랑 법대 동기더라고요. 그땐 몰랐어요. 그래서 일단 국장실로 갔어요.

아, 그랬군요. 그쪽도 대충 어떤 말과 결과가 나올지 예상을 했던 거네요.

그렇게 저 혼자 10시에 회의하러 갔죠. 저쪽에서는 태 과장이란 분하고 국장이 앉았고요. 소파에 앉아서 셋이서 두 시간 동안 싸웠죠.

구체적으로 어떻게 했나요?

제가 말했죠. 주택업자들이 집을 지으면 한 평에 몇백만 원씩 받는다. 그러면 수도 정액제 36만 2,000원을 50평으로 나눠보라고요. 그럼 7,200원 정도 나와요.

1970년대 반포 주공아파트 일대(1979년)

얼마 안 하네요.

맞아요. 그러면서 말했죠. "국장님, 업자들은 평당 몇백만 원씩 받아갑니다. 그런데 7,200원이 그렇게 큰돈입니까? 업자들이 나쁜 놈들입니다. 건설부가 그런 업자들 편을 들어서야 되겠습니까?"라고 그랬죠.

업체들이 들으면 막말이라고 하겠네요.

그렇죠. 그런데 그게 맞는 말이잖아요. 막 해댔다고요. 그런데 거기 국장실이 19층이었어요. 높은 데 있었어요. 제가 창밖을 보면서 말했어요. "저기 판자촌을 보십시오. 강남에 높은 아파트 짓는 사람들 편드는 게 정당한 일입니까? 제 직을 걸고 가만히 안 있겠습니다."라고 말이에요. 막 싸웠어요. 나중에는 "법무관을 부르십시오."라고 제가 말했어요.

왜 법무관을 부르라고 했나요?

제가 말했어요. "〈주택건설촉진법〉을 만들 때 주택업자가 집을 지으면 서울시에서 상하수도를 협조한다고 서울시와 합의한 내용이 있을 거 아닙니까?"라고 말이죠. 〈주택건설촉진법〉을 제정할 당시에 지방자치단체랑 수도나 다른 시설들에 대한 협조 사항들에 대한 합의가 있으면 내놓으라고 한 거예요.

그렇죠. 건설부랑 서울시가 의논한 게 있겠죠.

그런데 실은 서울시는 합의한 바가 없거든요. 하위법이 상위법을 침해할 수 없는 것은 맞아요. 하지만 상위법이 부당하게 제정되었고, 게다가 독립회계를 운영하는 수도를 제약할 수는 없다고 말했어요.

법이나 조례가 만들어졌던 과정을 말하니까 오히려 명쾌하네요.

맞아요. 그렇게 말하면서 밀어붙였죠. 이 문제를 공개적으로 논의하자고 말이에요. 서울시 출입기자가 120명이다. 건설부 기자들도 다 불러라. 양쪽 기자들을 죄다 입회시켜놓고 우리 둘이 토론을 해서 이기는 쪽으로 결정하자고 그랬어요.

양쪽 기자 다 불러놓고요?

누구 말이 맞냐고 들어보자고 했던 거죠. 그랬더니 김보근 씨가 무슨 전화를 받더니 확 던지고 나가버리더라고요. 그게 12시가 다 되었던 때였어요. 과장도 문으로 나갔어요.

의논하러 나간 거 같네요.

좀 있다가 태 과장이 오더니 "미안합니다. 그대로 하셔도 좋습니다."라고 그래요. 그렇게 결정이 난 거죠.

당시 건설부 장관이 육군 소장 출신이니까 힘이 좀 있었겠죠?

그렇죠. 그러니까 총리에게 가서 뭐라고 했던 거죠.

1982~1983년 사이면 딱 전두환 정권기네요.

당시는 군인들이 셀 때였어요. 그 장관도 실세였죠. 업자들이 쪼르르 달려가서 말하니까 욱해서 그런 거였어요.

행정의 맥락을 무시하고 업자들 이야기 듣고 그랬던 거네요.

꼭 그런 건 아니었어요. 건설부 사람들도 논리는 있었죠. 서울시가 업자들을 도와줘야 하는데 실제 공사비보다 더 받으면 되겠느냐고 했던 거죠.

그래도 평당 7,200원이라는 건 계산해 보지 않고 업자들 말을 그대로 믿었나요? 선생님이 반론을 펴실 때 논리가 명확하잖아요? 이규효 선배님이나 김보근 국장님 정도의 행정 내공이라면 그게 무리한 이야기라는 걸 건설부 내부에서도 이미 알고 있지 않았을까요?

과거에 이런 일 있으면 서울시가 그냥 자세를 낮췄어요. 저처럼 억센 놈한테 걸려서 그렇게 된 거였죠. 서울시가 원래는 물렁물렁했어요. 김 국장이 화를 낸 이유도 기자들 놓고서 토론해서 누구 말이 옳은지 알아보자고 하니까 거기에 화가 확 오른 거예요.

그래서 전화를 받더니 나갔던 거군요.

그런데 제 말이 맞잖아요? 업자들은 평당 수백만 원을 벌어요. 그런데 평당 7,200원이 많아요? 물이 없으면 집을 못 짓잖아요.

아무튼 이렇게 해서 수도 재정이 개선되었고요.

그렇죠.

상수도 행정은 기술과 행정의 복합체

당시 배수지를 만들면서 산 위에 만들었잖아요. 일본의 도쿄 같은 경우에는 주변이 죄다 평지인데 서울 주변에는 산이 많으니까 배수지들이 다 산 위에 지었다고 알고 있습니다.

수돗물은 24시간 동안 생산해요. 그런데 수도는 보통 낮에는 쓰지만 밤에는 잘 안 쓰잖아요.

시간대별로 다르죠.

그 시간대에는 안 나가요. 안 쓰니까요. 수요곡선이 있잖아요. 50만 톤이라면 많이 쓰는 시간대를 위해서는 배수지를 지어야 해요. 배수지를 만들어서 거기에 저장해 두었다가 많이 쓰는 수요 시간에 공급해야 해요. 워싱턴이나 도쿄는 물탱크에 넣어요. 그런데 서울은 산이 있거든요. 그래서 산 중턱에 배수지를 만드는 거죠. 50만 톤을 풀가동 할 수 있게 하는 거죠. 가령 특정 시간대에 생산량이 다 나간다면 다른 시간대에 만들어 놓은 걸 배수지에 저장해 두어야 하는 거죠. 그래서 자연유하自然流下할 수 있도록 높은 데에 배수지를 지은 거예요.

다른 분들도 말씀하시더라고요. 그래서 도쿄와 비교하면서 말이죠. 도쿄는 평평한데 서울은 고지대가 많아서 자연 지형의 중력을 이용하도록 했다고 말이죠. 공학적으로 배수지를 왜 높은 곳에 지었는지를 설명해 주시더군요.

맞아요. 그래서 전부 높은 데에 만든 거예요. 그냥 만든 게 아닌 거죠. 서울시는 인구 급증이랑 관계가 있었죠. 인구가 급증하니까 주택도 그렇죠. 사업소는 말할 것도 없고요. 이것을 계획도시처럼 다시 배관을 했었죠. 배수지도 짓고요.

이런 걸 하려면 행정과 기술을 모두 알아야 할 것 같습니다.

행정하는 사람도 이런 데에 관심을 가져야 해요. 요즘은 융복합시대라고 하죠. 이제는 행정만 해서는 안 돼요. 기술적인 부분도 깊이 이해하면서 일을 해야 해요.

김포정수장 통수식(1959년)

김포정수장을 시찰하는 정상천 시장(1980년)

1995년에 제1부시장이 되십니다. 그때가 조순 시장[6]기였는데요. 당시 신문 기사를 보니까 '행정의 섬세함'으로 부시장으로 승진했다고 하더라고요.

결국 행정의 제일 중요한 덕목은 정직이에요. 일단 거짓말을 해서는 안 되죠. 그리고 공정해야 해요. 정직과 공정이 생명이에요. 두 번째는 열정이 있어야 해요. 자기 일에 대해 열정과 책임감이 있어야 하는 거죠. 시민 입장에서 문제가 생겼을 때 대화할 사람은 나밖에 없다고 생각해야 해요. 대단히 중요한 거예요. 그다음에 세 번째는 깊은 연구가 있어야 하는 거예요. 네 번째로 혁신적인 생각을 가져야 하는 거예요. 이렇게 네 가지를 하면서 예술적으로 섬세하게, 정성을 다해서 해야 하는 거죠. 그런 마음가짐으로 해야 한다고 내가 항상 주장했던 거예요. 직원들에게 항상 얘기했어요.

직원 조례에서요?

사석에서도 말했죠. 공직에 있으면서 사사로운 이익에 목을 매지 말라고 말이죠. '견리사의見利思義'라는 말이 있잖아요? 자신에게 이익이 있는데 그게 옳은지, 그른지, 잘 생각하라고 말이죠. 공정을 해치고 말고, 사익을 취하지 말고, 정직하게 살아야죠.

---

6 조순(1946~2022)은 제30대 서울특별시장이다. 첫 민선 시장으로 1995년 7월 1일부터 1997년 9월 9일까지 재임하였다. 1946년 경성경제전문학교에 진학하여 1949년 서울대학교 상과대학 전문부를 졸업했다. 6·25전쟁 때에는 육군통역장교와 육군사관학교 교관으로 활동했다. 이후 미국 버클리대학에서 경제학 박사학위를 받았다. 경제부총리 겸 경제기획원장관을 비롯해 한국은행 총재 등을 지냈다. 1995년 서울시장에 당선되었고, 이후 민주당 총재와 한나라당 총재 등을 역임했다. 취임 전날 삼풍백화점 붕괴 사고가 발생하면서 취임식을 연기하고 붕괴 현장에서 공식 집무를 시작하였다.

▎조순 시장(1997년)

선생님 말씀에는 1982년도부터 햇수로 3년 정도 하셨던 서기관 시절의 경험이 깊이 각인 되어 있는 것 같습니다. 당시 상수도본부장을 역임했던 다른 분들의 이력을 살펴봤는데요. 그중에 부시장을 지내신 분들의 초기 비율을 보니까 35% 정도가 되더라고요. 그 후에는 수평 이동을 해서 부시장을 역임한 다음에 공직을 마감하고 정계로 가거나 회사 임원으로 가더군요. 서울시에서 상수도본부장이라는 자리가 요직이었던 것 같습니다.

서울시에서 1급 공무원이 당시에는 7명이었어요. 그중에 5명이 행정직이고, 2명이 기술직이었죠. 그 5명이 누구냐면 기획실장, 수도본부장, 청소본부장, 교육원장, 그리고 시의회사무총장이었거든요. 그 5명이 행정직이었던 거죠. 그리고 기술직 2명은 지하철본부장이랑 건설본부장이었죠. 그런데 1급 중에서 서열을 보면 기획실장 다음이 수도본부장이거든요. 저도 시의회사무총장 빼고 네 자리를 다 거쳤어요.

▎상수도사업본부 현판식(1989년)

기획실장 다음으로 부시장으로 가는 케이스가 많았겠네요.

맞아요. 자연히 수도본부장을 하던 사람이 부시장으로 올라가는 일이 많았죠. 제2부시장 하던 김학재 씨[7] 같은 사람은 건설본부장을 하다가

7 김학재는 1944년생으로 서울 출신이다. 한양대학교 토목과를 졸업하고 1972년 제6회 기술고시에 합격하였다. 서울시 행정2부시장을 지냈다. 부시장 재임기간은 1996년 12월 24일부터 2002년 6월 30일까지이다. 서울시 도시정비국 도시계획국장과 지하철건설본부장 등을 역임하였다.

승진한 경우였죠. 수도가 딱히 중요해서라기보다는 이 자리의 비중이 2번째 정도는 되었다고 봐야죠.

당시에 부시장 승진은 자연스러운 것이었네요.

저로서는 감사한 일이죠.

1990년대 베이징보다 쌌던 서울의 수도 요금

이번에는 수도 요금에 대해서 질문을 드릴게요. 조사를 하다 보니까 예전 1990년대에는 서울시 수도 요금이 중국 베이징보다 쌌다고 하더라고요. 정말 인가요?

맞아요. 그랬어요. 지금 그런 이야기를 하면 아무도 안 믿어요. 1994년이었어요. 그때 광역상수도원이 생겼어요. 그때 수자원공사한테서 우리가 물을 톤 당 30원에 가져왔어요. 지금은 얼마인지 모르겠네요. 당시에 가정용 기본 15톤 기준으로 톤당 31원을 받았습니다. 그러니 마냥 적자에요. 생산원가에 미달하니까요. 그런데 선진도시가 되려면 돈이 있어야 해요. 수돗물이 안 나오는 데도 다 놔야죠. 동파되면 다 고쳐야죠. 그게 안 되면 선진국이 되겠어요?

그렇죠. 돈이 들어가죠.

경제기획원에 물가국이라고 있어요. 그리고 〈물가안정과 공정거래에 관한 법률〉이라고 있어요. 물가국에서는 그 법에 따라 공공요금을 통제하고 있었거든요. 그러니 기획원의 승인이 없으면 인상할 수가 없죠.

서울시에서 올리려고 해도 안 됐네요.

덕분에 물값이 당시 베이징보다도 쌌어요.

그때 중국의 1인당 국민소득이 대략 600달러 정도였거든요. 우리나라가 그때 1만 달러를 막 넘겼을 때였잖아요. 어떻게 보면 올려도 아무런 문제가 없을 것 같은데요.

1994년에 제가 상수도본부장이었어요. 그래서 요금을 현실화해야 한다고 보고를 올렸어요. 물론 기획원에서 당연히 '노No'라고 했죠. 그때 부총리가 정재석 씨라고 유능한 분이었어요. 그분도 법대 4~5년 선배였어요. 공정하고 훌륭한 분이었죠. 그래서 제가 들어가서 사정을 말했어. 그랬더니 마침 잘 되었다고 하더라고요.

경제기획원에서는 인상하면 안 된다고 했잖아요.

그래서 잘 기억해요. 1994년 6월 6일 현충일 오전 10시에 자기 방에 와서 둘이 싸워보라는 거에요. 싸워서 이기는 편을 들어주겠대요.

상수도 경영합리화 실천 결의대회(1988년)

경제기획원에서는 어느 분이 토론하러 나왔나요?

경제기획원 물가국장하고 기획관리실장이 참석했어요. 서울시에서는 이원종 시장하고 이원택 부시장, 그리고 저까지 3명이 갔죠. 그쪽 실장은 이 시장하고 행시 동기였어요. 나중에 감사원장도 했고요.

기획원에서는 2명만 나왔네요. 누구 한 명 안 나왔나요?

그쪽에서 차관이 안 나왔어요. 그 사람은 눈치가 빠르거든요. 일단 경제기획원 장관이 상석에 앉으셨죠. 그리고 그쪽에는 기획관리실장이랑 물가국장, 그리고 이쪽은 시장과 부시장, 그리고 제가 앉았어요. 그리고 싸움을 하는 거였죠.

어떻게 됐나요?

처음에는 가서 말하면 잘 들어줄 줄 알았어요. 제가 열심히 얘기하는데 부총리께서 듣지도 않고 눈을 감은 채로 회전의자를 돌리면서 있더라고요. 그때도 2시간을 싸웠어요. 뭐 기획관리실장하고 물가국장도 자기들 입장을 열심히 피력했고요.

부총리 쪽에서는 듣는 역할이었네요.

그런데 듣고만 있던 부총리께서 갑자기 "나쁜 놈!"이라고 하는 거예요. 기획원 사람들에게 소리를 치는 거예요. 이 양반이 그전에는 안 그랬거든요. 아무 말 없이 의자만 돌리길래 '왜 그러나?' 궁금했죠. 그랬더

수도 배관 공사(1983년)

니 그동안은 물가국 쪽 이야기만 일방적으로 들었는데, 이번에 들어보니까 보고받던 내용과 너무 다르다는 걸 알게 된 거예요. 또 물가국 쪽에서 무리하게 억압했다는 것도 알게 된 것입니다.

게임이 끝났네요.

그래서 그다음부터 요금이 현실화가 된 거예요. 수도 요금의 획기적 변화였습니다. 1983년 정액제 실시와 1994년 수도요금 현실화는 수도 재정을 획기적으로 개선하게 된 계기였죠. 덕분에 잘못된 수도배관도 정상화 할 수 있는 재원을 마련할 수 있게 되었고, 수도의 유수율이 획기적으로 개선되는 효과를 낳은 겁니다.

상수도 관련 불량업자들을 퇴출시키다

이번에는 다른 질문을 드릴게요. 1983년부터 '수도관 세척 갱생사업'이라는 것을 하더라고요. 그것에 대해서 말씀을 부탁드리겠습니다.

1983년이었던 것 같아요. 일본 기술이었어요. 관에 강한 압력으로 모래를 쏘는 거예요. 관 속의 쇠녹을 씻어내고 에폭시 코팅을 하는 거죠. 일종의 새로운 관으로 만드는 거예요.

고운 모래를 세게 쏴서 세척하는 거네요. 일종의 사포질 효과 같은 건가요?

비슷해요. 녹을 벗기고 맨살에 에폭시 코팅을 하는 거죠. 나중에 1994년에 상수도본부장으로 왔을 때까지도 그거를 하더라고요. 11년 동안 했던 거죠.

그런데 관 속이 잘 보이나요?

당연히 안 보이죠. 관 속이잖아요. 그때 업자가 14개 정도 있었어요. 제가 수도국 업무과장 시절에 기술부서에서 그걸 시작했어요. 박원선 국장이 있던 시절이었어요. 대략 1년에 50~60억씩 들었던 거 같아요. 그럼 제가 본부장이 된 게 1994년이니까 대략 10년이 지났겠죠. 그러니까 10년간 500~600억 정도 됐을 겁니다. 정확하지는 않아요. 아마도 상수도본부 내에 관련된 통계가 있을 거예요.

일단 돈이 많이 들었네요.

그렇죠. 그럼 이게 제대로 되었는지 중간에 검증을 해봐야 해요. 그래서 기술자들이 저를 별로 좋아하지 않아요. 자꾸 파고든다고요.

당연한 일도 많이 시키면 별로 안 좋아하죠.

그래도 다들 궁금했죠. 잘 됐는지 말이에요. 일단 2억 원의 예산을 들여서 공사구간 52군데를 1.5m씩 수도관을 끊어오도록 했어요. 공사가 잘 되었는지 봐야 할 것 아니겠어요?

샘플을 가져오라고 했네요.

그리고 공평하게 회사도 어디에 치우치지 않도록 했죠. 위치도 고르게 해서 끊어오라고 했어요.

어떻게 됐나요?

잘라 온 것들을 상수도본부 1층에 다 쫙 세워놨어요. 그거 보고 업자들이 다 손을 들었어요. 제대로 된 게 하나도 없었거든요.

52군데가 모두 그랬나요?

네, 다 그랬어요. 그걸 상수도본부 1층에 다 세워놨고요.

그게 몇 년도 이야기에요?

1994년이었어요.

업자들 입장에서 보면 선생님 같은 분이 공직자로 있으면 정말 무섭겠어요.

무섭겠죠. 제가 공무원 생활하면서 누가 진정서를 내거나 하면 사소한 거라도 다 챙겼어요. 시민들이 원하는 게 뭔지 알아야 해요. 아까 말했듯이 정액제를 실시할 때에도 업자 600명을 다 잘랐다고 했죠. 너희들 해 먹으려면 〈건설업법〉에 의한 면허를 받아서 정식으로 하라고 말이에요.

외람된 질문입니다만 협박전화 같은 거 받으신 적은 없나요?

없었어요. 저를 잘 알기 때문에 그런 건 없었어요. 제가 약점 잡힐 것도 없었어요. 그래서 제가 무서운 게 없는 사람이에요.

1983년에 수도국을 떠난 이후에 1994년에 본부장 되시자마자 수도관 세척업자들이 제대로 하는지 불렀잖아요. 혹시 11년 동안 생각하고 있다가 작정하고 검사한 건가요?

새로운 보직을 맡으면 그 일을 하는 것만 해도 바쁘죠. 이전 부서 일은 관심을 가지고 싶어도 가지질 못합니다. 다만 세척갱생공사는 신공법인데 계속하기 위해서는 점검이 꼭 필요하다고 생각했던 겁니다.

관을 뜯어내고 새것으로 교체하기보다는 저렴했겠죠?

그러니까 도입한 거였어요. 나중에 그렇게 검사해 보니까 에폭시 코팅한 게 완전히 굳지 않아서 그게 계량기에 걸려 있기도 하고 그랬어요. 신기술을 도입할 때에는 검증을 해야 하죠. 만일에 그걸 안 하면 계속 그렇게 부실하게 되거든요.

관을 세척하고 코팅하는 데 예산이 얼마가 들어갔나요?

아까 말했듯이 500~600억 원 정도라고 생각해요. 정확하지는 않습니다. 제 기억으로는 그래요.

다른 에피소드는 없었나요?

여과사濾過沙 부실납부사건이 있었어요.

전문적인 분야 같은데요.

그렇죠. 일단 원수原水를 받는 데를 집수정이라고 해요. 그리고 여기에는 황산동$CuSO_4$이라는 응집제를 넣어요. 그걸로 미세먼지 같은 걸 응집해요. 그런데 이거는 넣자마자 빨리 섞어야 해요. 그냥 파이프에 넣는 게 아니고요. 아무튼 집수정에 황산동을 넣은 다음에 물이 흐르면 3시간 반 동안 서서히 흐르면서 침전지에서 가라앉죠. 응집된 건 비중이 1.3 정도예요. 물의 비중은 1이죠.

물보다 무거웠네요.

조금 무거우니 밑으로 가라앉죠. 여기서 이제 여과지로 넘어가요. 그렇게 여과지로 가면 모래가 나와요. 여과사에요. 1.1mm 정도 있어야 하죠. 그렇게 여과를 거친 다음에는 이제 소독조로 가요. 여기에 염소를 타서 물을 보내는 거예요. 이게 수도의 대략적인 과정이죠.

여과사에 활성탄을 넣기도 하나요?

고도정수를 한다고 나중에는 넣기도 했어요.

그럼 여과사 문제는 어떤 거였나요?

침전지 내에 미처 못 걸러 낸 슬러지가 여과사를 거치면서 완전히 걸러져야 하는데 이 기능이 미흡해서 수질에 문제가 있다는 겁니다.

왜 그런 일이 생겼나요?

그래서 알아봤더니 강사(강모래)는 여주에서 파오고, 해사(바닷모래)는 주문진에서 채취해 왔어요. 그런데 입자는 똑같아야 해요. 이걸 '균등계수'라고 하거든요.[8] 왜냐면 여기서 침전이 마저 안 된 슬러지가 넘어오면 여과사에서 걸러야 하거든요. 그런데 일정 기간이 지나면 여과사가 더러워져요. 그럼 이걸 분수 같은 거로 확 뿜어서 세척을 해야 해요. 이걸 백워쉬Back wash라고 하죠.[9] 그런데 이때 모래가 떠내려가는 거예요. 규격에 맞지 않는 것은 떠내려가거든요. 그래서 규격이 일정해야 해요. 만약에 1.3mm라면 모두 1.3mm가 돼야 하는 거죠.

모래가 일정한지, 안 그런지, 어떻게 아셨나요?

제가 이걸 어떻게 알겠어요? 현장에 가서 직원들과 이야기하면서 하나하나 메모한 거죠. 그러니까 어떤 건 1.7mm, 어떤 건 2mm, 어떤 건 1mm, 어떤 건 0.8mm, 이렇게 되면 안 되는 거예요.

---

8 균등계수는 여과에 쓰이는 여과 모래의 입경의 고른 정도를 나타내는 계수이다. 토사를 구성하는 굵은 입자, 가는 입자, 미립자의 입도 배분의 간단한 표시법이다. 모래 입자의 크기가 고를수록 1.0에 가깝다.

9 백워시(Back wash)는 역세척(逆洗滌)이라고도 하며 정수장 물의 흐름 방향을 바꾸고, 수압을 높여 정수장을 세척하는 것을 의미한다. 활성탄은 시간이 흐르면 유기물들이 표면에 붙는데, 이 유기물들은 벌레의 먹이가 될 수 있어서 유충이 살기 쉬운 환경을 만든다. 이를 예방하는 목적으로 정수장은 유기물을 없애기 위하여 주기적으로 물의 방향을 바꿔주는 역세척을 진행한다.

❙ 서울상수도기술 세미나(1997년)

그러면 여과사를 가져오는 업무는 누가 하나요?

여과사 검수는 토목지원소에서 해요. 보관은 정수지에서 하고요. 그게 문제라고 느꼈던 거예요. 일단 간부회의에서 업무과장에게 말했죠. 주문진에 가서 해사 채취 허가를 수도본부장 명의로 내라고 말이에요.

수도본부장이었던 선생님이 모래 채취를 직접 관리하겠다는 거네요.

일단 엄포를 놓은 거죠.

아, 그래서 명의를 선생님으로 직접 하게 했군요.

맞아요. 이걸 보통으로 다룰 일이 아니라고 생각했던 거예요. 그래서 느닷없이 업무과장에게 해사 채취 허가를 수도본부장 명의로 신청하라고 한 거였어요. 밑에서는 난리가 났죠. 그다음에는 토목지원소장을 불렀죠. "어이, 소장 너 모가지가 몇 개야?"하고 소리를 질렀어요. 저랑 잘 아는 사이였거든요. 그랬더니 당연히 "뭐가 잘못되었습니까?"라고 그러죠. "너 수도국의 여과사 검수를 누가 해? 그거 정확히 했어?"라고 일단 막 몰아붙이는 겁니다.

소장이 뭐라고 했나요?

그랬더니 황당한 표정을 짓더라고요. 그 후로 이야기가 쫙 퍼졌죠. 이제 정수장 여과사를 제대로 검수해야 한다고요. 아니나 다를까, 그전에는 대충 퍼다가 날랐더라고요.

아, 그런 거군요.

1.3mm짜리 규격품을 납품해야 하잖아요. 그런데 검수해보니 15%가 불량이더라고요.

그럼 여과가 안 되는 거죠?

그렇죠. 그래서 기존 납품량의 15%를 대금을 감하겠다고 했지요. 그랬더니 업자들이 모두 순응했습니다.

그렇게 해결했네요.

그렇죠. 제가 무슨 개인적 이익이 있겠어요? 시민들을 위해 공정하게 해야 한다는 생각으로 했던 거죠.

선생님이 했던 일 중에서 불량밸브업체를 정리한 것도 있었습니다. 밸브에 하자가 있으면 물이 새고 부실시공의 원인이 된다고 알고 있습니다. 해외 수입품 중에서도 불량이 나왔다고 하더라고요. 그런데 선생님이 본부장을 하면서 한 번이라도 불량품이 나온 곳은 조달 업체에서 모두 정리하셨습니다.

불량품이 나오면 그 업체는 제재를 가해야죠. 그래서 업체들이 저를 무서워했어요.

아프리카 르완다에 상수도 기술원조를 해 주다

본부장 시절에 르완다에 상수도 기술원조를 해주는 일도 추진했더라고요.

1994년에 르완다에서 내전[10]이 있었어요. 하루는 집에 가서 뉴스를 보니까 하루에 애들이 3,000명이 죽어간다고 하더라고요. 그런데 그게 총이나 대포 때문이 아니라 피난 나왔다가 물을 잘못 먹어서 수인성 전염병으로 죽는다는 거예요. 그런데 우리나라는 '충무계획'이라는 게 있어요. 전쟁에 대비해 전시에는 물을 어떻게 먹을 것인지를 방법을

10 르완다 내전은 르완다의 토착 부족인 후투족과 소수민족인 투치족 간의 종족 분쟁으로 일어났다. 1994년 4월 르완다에서 후투족 출신 쥐베날 하비야리마나 대통령이 전용기 격추 사고로 숨지자, 인구의 85%를 차지하는 후투족 중 강경파가 100여 일 동안 인구의 14%인 투치족과 후투족 온건파 등 전체 인구의 10%에 달하는 80만 명 이상을 학살하였다. 이러한 내전은 1994년 7월 투치족의 '르완다 애국전선'이 수도 키갈리를 점령하면서 종료됐다. 내전 종료 후에는 종족 간 화해가 이뤄지면서 정국을 안정을 찾았고, 이에 르완다는 경제적으로도 꾸준한 성장을 거듭하고 있다.

우호도시 직원 연수를 위해 초청된 르완다 관계자들(1995년)

정해 놨어요.

전쟁 때 식수를 어떻게 조달할 것인지 대비가 있었네요.

어떻게 하냐면 나무상자를 만들어서 모래를 넣어요. 1.1m 정도로 채워요. 그다음에 물을 넣어서 여과를 시켜요. 물에 나오면 그 물에 약을 넣어요. 염소예요. 규정량을 넣으면 소독이 되거든요. 그걸 먹게 되어 있다고요. 수인성 전염병을 막으려면 소독을 해야 하잖아요. 정수장에도 그런 시설이 있어요. 그게 충무계획에 다 나와 있는 거예요. 일단 전기택 급수과장한테 말했어요. 뉴스를 봤냐고 말이에요. 르완다에서 어린 애들이 하루에 3,000명이 죽는데 우리가 뭔가 할 수 있는 일을 좀 찾아보자고 말이에요.

우선 어떤 일을 했나요?

일단 전 과장한테 당장 르완다에 다녀오라고 했죠. 직원 2명까지 붙어 줘서 3명이 다녀오라고 했어요. 전기택 과장은 1주일 정도 있다가 돌아왔고, 직원 2명은 2개월 동안 머무르면서 문제를 해결해 줬어요.

어떤 문제를 해결했죠?

거기도 나무하고 모래가 있으니까요. 여과시켜서 염소를 넣어서 먹으면 애들을 구할 수 있는 거죠. 왜 같은 지구에 살면서 그냥 보고 있느냐고 그랬던 거죠. 거기에 와 있던 유엔 직원들도 대환영을 했어요.

국제적 사업인데 서울시에서 그걸 했네요.

서울시 차원에서 한 것도 아니고, 상수도본부 차원에서 한 거였어요. 위에는 말도 안 하고 한 거였죠. 그랬더니 르완다 사람들이 와서 2개월만 훈련을 받고 가고 싶다고 했어요. 그래서 제가 결재를 올렸어요. 그런데 그때 일부 위에서는 저한테 직접 뭐라고 하지는 못하고 쓸데없는 일을 한다고 그랬나 봐요. 그래서 제가 외무부 국장에게 전화를 했어요. 지금 르완다 사람들이 2개월 동안 오는데 비용이 얼마나 드냐고 물었죠. 그랬더니 3,500만 원 정도가 든다고 그러더라고요. 그래서 제가 외무부 국장한테 말했죠. 그럼 정부에서 그 돈을 대라고 말이에요. 그러니까 대환영이라고 해요. 왜냐하면 국제적으로 나라의 품격이 올라가거든요.

국격이 달라질 수 있죠. 대환영이죠.

그렇죠. 사람이 죽어 가는데 말이에요. 3,000명이 죽는 게 보통 일이겠어요? 외무부에서도 "우리가 해결하겠습니다."라고 그러더라고요. 그렇게 해서 르완다 사람들이 구의수원지에 와서 훈련을 받고 갔어요.

왜 구의수원지에서 연수를 한 겁니까?

거기에 수도연구소가 있거든요.

르완다 사람들은 상수도 관련 기술자들이었나요?

연수를 마칠 즈음 제가 르완다 사람들한테 밥을 한 번 샀거든요. 저는 그 사람들이 그냥 수도기술자인 줄 알았는데 다들 영국 유학파더라고요. 엘리트예요. 단순 기술만 배우러 온 게 아니고 전체적인 시스템을 보러 온 거였죠.

영어도 잘했겠네요.

맞아요. 영어도 잘하더라고요. 우리 영어는 영어도 아니에요. 그리고 수도연구소장에게 지시해 새마을연수원에 있는 우리나라 새마을운동에 관한 영문 책자를 구해 주라고 했습니다. 우리도 6·25전쟁 때 당신들보다 더 비참했지만, 그 후에 열심히 일해서 이 정도가 되었다는 것을 알려주려고요. 최근에 보니까 거기 경제성장률이 1년에 12% 정도 되더라고요. 대단한 거죠.

정말 획기적인 이야기네요.

제가 공직을 떠난 뒤에 잠시 경남기업 대표이사를 했거든요. 그런데 어느 날 반기문 외무부 장관한테서 전화가 왔어요. 르완다 장관이 저를 찾는다고 말이에요. 그날 저녁에 공관에서 그 사람들 만찬이 있는데 저 보고 참석해달라고 하더라고요. 그래서 가보니까 그 장관이 당시 연수한 사람들은 아니지만 그때 일을 기억하더라고요. 감사 표시를 하면서 전후 복구에 경남기업이 참여해 달라고 요청을 해오기도 했습니다.

안전한 서울의 수돗물

마지막 질문을 드릴게요. 지금도 그렇지만 수돗물을 믿지 못하는 사람들이 아직도 많잖아요. 어떻게 생각하시나요?

단언할 수 있어요. 현재 서울시 생산공정은 완벽합니다. 저는 수돗물을 그냥 먹어요.

아리수 병에 담기 전부터요?

그렇죠. 저는 수도를 신뢰하는 사람이에요. 대신 아파트나 개인주택의 저수조를 잘 관리해야죠.

아리수 홍보도 잘해야죠.

재미있는 일화가 있어요. 당시가 상수도본부장 때였어요. 〈신수불이〉라고 들어봤어요? 그때 〈신토불이〉를 불렀던 가수 배일호 씨를 데려다가 개사해서 〈신수불이〉라고 홍보했어요. 덕분에 지금도 저하고 배일호 씨랑 친해요.

재미있는 인연이네요.

고맙죠. 매번 아리수 홍보할 때 공짜로 와서 해줬어요. 그래서 한번은 고마운 마음에 100만 원을 마련해서 줬더니 "제가 그냥 봉사하는 겁니다."라고 하면서 안 받더라고요. 친해요. 지금도 가끔 저한테 선물도 보내고 그래요.

네, 오랜 시간 면담해 주셔서 감사합니다. 인터뷰는 이것으로 마치겠습니다.

수도기술의 기본은 선입선출입니다

면 담 자　이연식(일본 소피아대 외국인연구원)
면담주제　서울시정과 공무원들(상하수/방재)
면담일시　2020년 8월 11일(1차)·2020년 10월 12일(2차)
2020년 11월 4일(3차)
면담장소　서울시 서초구 서초동 아르고연구소(1차)·과천시 과천
정부종합청사역 앞 카페(2차)·(3차)

김홍석

1940년 경상남도 남해군 출생

1971년 서울대학교 전기공학과 졸업

1971년 기술고시 합격, 건설부 수자원국 개발과 근무

1972년 서울시 지하철건설본부 공작전기과 근무

1978년 서울시 수도국 구의수원지 사무소장

1981년 서울시 수도국 수원기전과 과장

1985년 서울시 뚝도수원지 사무소장

1989년 서울시 수도기술연구소 소장

1991년 한양대학교 도시공학과 박사 졸업

1994년 서울시 상수도사업본부 차장

건설부에서 서울시로 오다

이번 시간은 이번 면담은 '서울의 상하수도와 공무원들'이라는 주제로 실시하는 서울역사편찬원의 구술 채록입니다. 오늘은 김홍석 선생님을 모셨습니다. 선생님께서는 1971년 건설부 수자원국에서 근무를 시작하셨고, 1972년 서울시 지하철건설본부를 거쳐 1978년 구의수원지 사무소장으로 오시게 됩니다. 그 후 1981년 수도국 수원기전과장, 1989년 수도기술연구소장, 1994년 상수도사업본부 차장을 지내셨습니다. 우선 처음 공직생활을 시작하셨을 당시에 대해서 말씀 부탁드리겠습니다.

제가 서울시에 근무하기 시작한 것은 1972년부터예요. 그리고 그전에는 건설부에 있었어요. 퇴직은 2000년에 했습니다. 서울대에서 전기공학을 전공했지요. 그런데 그 전에 대학을 처음 들어갈 때에는 광산과로 들어갔죠. 거기를 졸업하고 실제로 광산에 가서 2년 동안 근무를 했어요. 그러다가 그 후에 다시 학사 편입을 해서 전기과 3학년으로 들어가서 2년을 더 공부했습니다. 그해에 때마침 기술고시가 있었어요. 기술고시에 응시해 합격을 했죠. 그래서 건설부로 발령이 났던 거예요.

서울시로 오게 된 건 어떤 계기였나요?

1972년 당시에 서울시에서 지하철 건설을 시작했거든요. 초창기였죠. 그래서 "서울시로 오지 않겠느냐?"라고 제안이 들어왔던 거예요. 서울시로 왔죠. 그렇게 서울시로 와서 1978년까지는 지하철 건설하는 일을 했습니다.

상수도 쪽으로 발령이 난 것은 언제였나요?

1978년 3월 16일에 발령이 났어요. 그때부터는 이제 상수도에 종사하게 되었죠.

광산과를 나오셨다고 하셨잖아요. 1960년대에는 광산업이 인기가 좋았나요?

대략 1967년 이전까지도 우리나라에서 직장이라고 하면 대한중석[1]이나 대한석탄공사,[2] 이런 곳이 대단히 큰 기업이었거든요. 명동에 가서 거기에 근무한다고 하면 외상으로 양복도 해줄 정도였어요. 다른 데는 뭐 큰 기업이 없었던 시절이니까요.

그러네요. 그때까지는 아직 현대나 삼성 같은 회사들이 세계적인 대기업이 되

---

1 대한중석은 중석 생산과 가공을 담당하던 업체로 1952년 정부 출자에 의하여 대한중석광업주식회사로 창립되었다. 1972년 12월 본사를 서울에서 대구로 이전하였다. 1992년 4월에는 대한중석(주)로 상호를 변경하였다. 1994년 2월 거평(居平)이 인수하였다. 1998년 5월 부도로 인해 회사정리절차 개시를 신청하였으며, 이스라엘의 이스카(ISCAR)가 한국에 설립한 대한중석초경(주)에 인수되었다. 2000년 11월 금융감독원에 의해 청산 대상기업으로 선정되었는데, 이후 이스라엘의 아이엠씨(IMC)에 인수되어 대구텍(TaeguTec)으로 사명을 변경하였다.

2 대한석탄공사는 석탄 광산의 개발을 촉진하고 석탄의 생산·가공·판매 및 부대사업을 운영하여 석탄 수급을 안정시키려는 목적으로 1950년 설립되었다. 〈대한석탄공사법〉에 따르면 석탄공사는 설립목적의 달성을 위해 석탄 광산의 개발 및 운영, 탄광 및 석탄가공에 관한 기술적 연구, 석탄 및 부산물과 석탄가공제품의 매입·판매 및 수출입, 석탄산업에 종사하는 근로자에 대한 교육훈련 등을 수행하고 있다.

기 이전이었죠.

그러다가 석유파동이 나면서 석탄산업이 침체기로 접어들었어요. 그렇게 계속해서 이어졌어요. 생각을 했죠. 광산 현장에 있기보다는 다른 길을 찾아야겠다고 말이죠. 그래서 이제 다시 서울대 공대의 전기공학 쪽으로 학사 편입을 선택한 거죠. 공대는 공릉동에 있었어요. 문과대나 의대는 대학로에 있었죠.

관악구로 옮기기 전에 다니셨네요.

지금은 산업대학(현재 서울과학기술대학교)이 들어서 있죠. 서울대가 옮기면서 나중에 산업대가 건물을 쓰게 되었죠.

그렇게 전기공학을 공부하시고 공직생활을 시작하셨는데요. 기술고시를 합격한 다음에 처음 시작은 중앙부처 건설부였잖아요. 구체적으로 어떤 업무를 맡으셨나요?

처음 갔던 곳은 댐 건설하는 부서였어요. 소양강댐을 건설하던 건설부 수자원국 개발과로 발령이 났죠.

그때가 1971년이었던 거죠?

네, 맞아요.

어떻게 보면 나중에 서울시 상수도 일을 하신 것까지 생각하면 계속 물과 관련된 일들을 하셨다고도 할 수 있겠네요. 서울의 상하수도 문제와 관련해 중앙부

| 지하철1호선 운행 모습(1975년)

처를 비롯해 서울시 행정의 연계과정을 전부 체험하신 셈이기도 하고요.

따지고 보면 그렇기도 하네요. 실제로 서울시의 상하수도 행정도 건설부 수자원국이랑 굉장히 긴밀한 협조 관계가 있습니다.

그러다가 1972년 서울시로 오시게 되고 지하철 건설 업무를 맡으셨습니다.

네, 그랬죠. 그때 처음 맡은 일은 지하철의 전기설비와 통신설비 쪽이었어요. 지하철건설본부 공작전기과였어요. 그렇게 해서 1978년까지 지하철 건설을 담당하다가 상수도로 옮기게 된 거죠.

구의수원지 소장으로 배속

그때 배속된 곳은 어디였나요?

구의수원지 사무소장이었습니다. 사무관에서 서기관으로 올라가면서 가게 되었던 거예요. 서기관이면 4급, 본청의 과장급이에요.

독립사업소의 소장으로 가신 거네요. 그런데 지하철 건설을 하다가 구의수원지 소장으로 가셨는데요. 직무상으로 혹시 상수도와 지하철이 직무와 어떤 연관성이 있나요?

별로 없지요. 수도는 새로 공부해야 하는 일이거든요. 제가 사실 대학교 다닐 때에도 수도를 공부하지 않았어요. 그리고 아까 말했듯이 서울시에 와서 사무관으로 근무할 때도 지하철로 갔으니까 수도 쪽의 일을 하지는 않았죠.

새로 공부를 해야 했네요.

그렇죠. 그래서 구의수원지 소장으로 발령을 받고 나서 《상수도공학》이라는 책을 하나 샀어요. 그걸 며칠 동안 밤새워 공부했어요. 시장님이 오시면 소장이 업무보고도 하고 브리핑도 해야 하거든요. 브리핑 준비를 하는데 상수도 용어가 진짜 어려웠어요. 며칠 동안 공부하니까 그런대로 용어가 익혀지더라고요.

구의수원지 공사 모습(1974년)

시장 브리핑 같은 건 중요하죠.

맞아요. 제가 발령받은 게 1978년 3월 16일이었거든요. 그런데 마침 구자춘 시장[3]이 3월 30일인가 수원지를 방문하기로 예정되어 있었어요. 방문하면 제가 업무를 브리핑을 해야 하는 거죠. 시장 앞에서 브리핑하는 게 얼마나 무섭겠습니까? 그렇게 밤낮없이 공부하고 연습해서

3 구자춘(1932~1996)은 제16대 서울특별시장으로 1974년 9월 2일부터 1978년 12월 21일까지 재임하였다. 1963년 육군 대령으로 예편하였고 제주도지사, 경북도지사, 내부무 장관 등을 지냈으며, 제13·14대 국회의원을 역임하였다.

수원지 통수식에 참석한 구자춘 시장(1975년)

브리핑을 했습니다.

시장님 인상이 어떻던가요?

제가 시장님에게 브리핑을 하면서 업무보고 자료에는 없었던 내용으로 "여기 직원들이 어려움이 있습니다."라고 말했죠. 그랬더니 "뭐냐?" 라고 그래요. 제가 말씀드렸죠. "직원들이 여기 관사에 살고 있는데 낡은 판자집 같은 데서 살고 있습니다. 이번에 시장님께서 오신 김에 제대로 된 관사를 짓게 해 주십시오."라고 말씀드렸습니다.

관사가 없었나요?

있기는 한데 낡았어죠. 왜정시대에 지어놓은 '하코방' 같은 낡은 시설

워커힐호텔

이었어요. 판잣집이나 다름없었어요. 그래서 관사를 부탁했죠. 덕분에 관사를 짓게 되었죠. 지금도 그 관사 건물들은 워커힐 가는 쪽에 그대로 있습니다.

다른 요청은 없었나요?

하나 더 있었죠. 워커힐로 올라가는 길이 정수장 부지 가운데를 관통하고 있었어요. 올라가는 길 동쪽에는 정수장 관사가 있었고요. 우리가 왔다 갔다 하려면 워커힐 올라가는 길을 계속 횡단해야 했는데, 올라가는 길을 막겠다고 했어요. 그랬더니 "없는 길도 만들어줘야 할 판국에 있는 길을 막아버리면 어떻게 하냐?"라고 하시더라고요. 길을 막는 대신에 대안도로를 만들겠다고 추후에 보고해서 길을 옮겼어요.

그때가 선생님이 막 부임했던 1978년이었나요?

네, 맞아요. 덕분에 지금처럼 구의정수장 부지를 제대로 이용할 수 있게 되었죠.

이번에는 다른 질문을 드릴게요. 상수도에 관해 대학 때에도 전혀 공부할 기회가 없던 상황에서 완전히 새로 학생처럼 공부를 시작하신 거잖아요? 그럼 그 전부터 그곳에서 근무하던 분들이 있었을 텐데요. 그분들은 관련 공부를 하지 않고 그 일을 해오신 건가요? 그냥 어깨너머로 배워서 했던 건가요?

사실 당시에 수도에 종사했던 분들, 정규영 국장[4]이나 몇몇 분들은 전문적인 지식과 기술을 가지고 있었어요. 그렇지만 대학에서 수도를 공부하고 온 사람은 많지 않았어요.

다들 그렇다고 하더라고요. 당시 국내 대학에서 수도를 정식으로 배울 만한 커리큘럼이 없었다고 하더라고요.

그러니까 저도 공부를 하면서 일을 했죠. 나중에 수도기술연구소장을 하거나 상수도사업본부 차장을 할 때 직원들이 신규로 들어오면 일부러 상수도공학 책을 읽고 요약해서 보고서를 내도록 했던 것도 그런 이유 때문이었던 거죠.

4 정규영(1922~2007)은 경기도 용인 출신으로 한양대 토목공학과 박사학위를 받았으며 서울시 상하수도국장과 건설국장 등을 지냈다. 이후 수도협회 회장과 신우엔지니어링 회장을 역임하였다.

❙ 수도기술연구소 신청사 준공식(1995년)

공부를 시켜야겠다는 생각이었군요.

그렇게 해야 상수도에 관한 책을 보는 거죠. 그래야 일을 하는데 도움이 되었던 거고요. 그렇지 않으면 일도 거칠어지고, 수도 일에 도움이 되지 않았거든요. 그래서 틈날 때마다 직원들한테 "공부해라, 공부해라"고 했어요.

지하철 건설을 맡았을 때도 일본의 지하철 건설기술 관련 책들을 공부하신 걸로 알고 있습니다. 일본어로 된 책을 강독하기 위해 따로 공부하셨고요. 그럼 당시 상수도 역시 제대로 된 전공서적, 전문서적, 기술서 같은 것이 있었나요?

당시 박중현 교수와 서울시에 계셨던 정규영 국장님이 공동으로 일본 책을 번역한 게 있었어요. 1975년에 나왔던 《상수도공학》이라는 책이었어요. 그거 딱 하나 있었어요. 그 후로도 몇 년 동안은 다른 책이 없었던 것 같아요. 그러다가 1985~1987년에 다른 책들이 나오기 시작했죠.

지하철본부로 발령이 났을 때도 그랬고, 구의정수장 소장으로 발령을 받았을 때도 그랬고, 일단 새로 공부부터 했겠죠?

예, 그랬어요.

구의정수장 소장 다음에는 본청 수원기전과장을 거쳐, 서울시 수도기술연구소 소장을 맡으셨는데요. 그때는 주로 어떤 일을 하셨나요?

제가 구의수원지 소장을 4년 동안 했죠. 그러다가 1981년에 다시 본청으로 들어와서 상하수국 수원기전과장을 4년하고 다시 뚝도수원지 소장으로 발령을 받아 갔어요.

서울시 수원기전과장으로의 부임과 상수도 무단수無斷水 급수체제를 계획

그 당시 서울시 본청의 부서 이름이 수원기전과장이라고 했는데요. 어떤 업무를 맡았나요?

'수원기전과'라는 부서가 이전까지 있던 3개 과를 합한 거예요. 시설과, 수원과, 기전과, 이렇게 3개 과였어요. 서기관 3명이 맡아서 하고 있었던 것을 하나로 합해 '수원기전과'가 되었던 것입니다. 기존의 '과'가 이

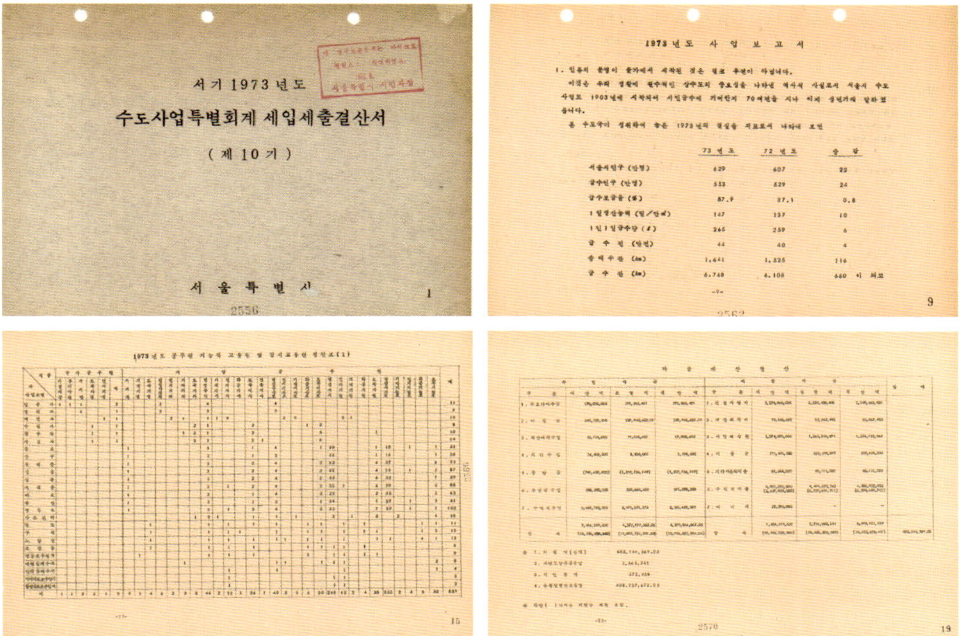

❙《1973년도 수도사업특별회계 세입세출결산서》

제는 시설계, 기전계, 수질계가 되었죠. 사무관들이던 계장들이 종래 '과'의 업무를 담당했고요.

그러면 본청 수원기전과 같은 경우는 상수도 행정의 모든 분야를 망라해서 통합한 거군요?

그러니까 종합계획이라든가, 대외관계 등은 수원기전과에서 맡고, 급수 업무는 급수과에서 담당했죠. 당시 기술 관련 과가 수원기전과와 급수과, 이렇게 2개 밖에 없었어요.

▎올림픽경기장 건설 현장을 시찰하는 염보현 시장

3개 과를 합해서 수원기전과를 만들었잖아요. 그럼 인원수가 다른 과보다 많았겠네요.

인원수를 줄이면서 '대국대과제大局大課制'로 전환을 했던 거예요. 그런데 수원기전과에서 근무하다가 보니 수질에 대해 생각하게 되었어요. 마침 뚝도수원지 소장으로 가면서 제가 공부를 해가면서 수질을 다른 데서 생각하는 것처럼 소홀하게 생각하면 안 되겠다 싶었죠. 이걸 좀 공부해야겠다고 생각했어요. 수질 쪽을 생각하면서 일을 하고 공부했던 거죠.

1970년대에서 1980년대로 들어오면서 서울시에 많은 변화가 있었습니다. 인구도 더 많이 늘었고, 아시안게임과 올림픽이 확정된 상황이었죠. 당시 서울시 상수도 행정의 우선 과제가 바뀌었을 것 같습니다. 해외에서 손님들이 와서 호텔에 묵으면 당장 접하게 되는 게 수돗물이잖아요. 혹시 서울시 상수도 행정에서 86아시안게임이나 88서울올림픽과 관련한 특별한 지시나 대책 같은 게 있었나요?

다른 부서와는 달리 특별한 지시는 없었어요. 하지만 외국인들이 서울에 오니까 우선 수돗물을 안심하고 마실 수 있어야 한다는 점을 많이 강조했죠. 저는 직원들한테 수돗물이 단수되지 않는, 무단수無斷水 급수체제가 필요하다는 걸 강조했죠. 다른 사람들이 볼 때는 그게 별일이 아닌 것처럼 보일지 모르지만 무단수 급수체제는 대단히 중요했어요.

중요하죠. 그때에도 단수되는 지역들이 있었잖아요.

그리고 수도배관에 수압이 걸려 있을 때에는 관의 외부에서 오염물질이 들어오지를 못해요. 그런데 관의 수압이 줄어들어서 외부 압력보다 관내 압력이 더 낮아지면 오염물질이 쉽게 유입됩니다. 즉 배관이 단수되면 배관에 물이 새고 있던 누수 지점에서 오염물질이 역으로 유입되어서 관내도 오염되죠.

수도관이 있는데 구멍이 있다는 거네요.

물이 누수가 된다는 것은 결국 배관에 구멍이 있다는 거죠. 배관수압이 있을 때는 거기서 물이 새어 나가지만 배관 수압이 떨어지면 반대로 오염물질이 유입되지요. 배관에서 빨아들이는 거죠. 얼마 전에 인천에서 문제가 된 붉은 수돗물 사태도 그런 가능성을 살펴봐야 합니다.[5]

공용수도를 점검하는 양택식 시장(1970년)

얼마 전 인천 수돗물에서 벌레가 나왔다는 소식도 들리고 하던데요.

이론상 정상적인 수도공급체제 안에서는 그런 일이 발생할 수가 없습니다. 그런데 누수나 단수가 발생한다면 그런 일이 일어날 수가 있죠. 그래서 제가 수도 일을 맡으면서 처음부터 무단수체제를 강조했던 거예요. 아무튼 아시안게임이랑 올림픽 때 외국인들이 와서 우리 수돗물

5 2019년 5월 30일부터 약 3주 동안 인천광역시 서구에서 붉은 수돗물이 나왔던 일을 말한다. 직접적인 원인은 기존의 팔당 취수장을 통해 이뤄졌던 수돗물 공급 경로를 인천 수산 정수장으로 전환하면서 관 안의 물때와 침전물이 섞여 들어갔던 것으로 판명되었다.

을 마실 수 있도록 해야 하는 거죠. 무단수 급수체제가 완비되어야 했던 거예요. 외국인이 보기에 서울시의 수도가 단수 없는 급수체계를 갖춰야 한다는 거죠.

그렇네요. 우리도 당시까지만 해도 저개발 국가에서 중진국 수준으로 발전할 때였잖아요. 이것을 평가하는 여러 지표가 있겠지만, 올림픽을 보러 온 관광객들이 인식하는 직관적 지표는 갑자기 물이 끊기거나 전기가 끊기는 거라고 생각됩니다. 가장 단적으로 그 도시의 수준이 드러나는 대목이니까요.

그렇죠. 서울을 보여주는 이미지를 위해서라도 매우 중요했던 거죠.

1980년대 초반까지만 해도 서울시의 상수도 과제는 역시 '끊임없이 안정적으로 물을 공급하는 체제'를 만드는 것이었잖아요. 그만큼 수돗물이 끊기는 지역이 많았다는 이야기가 되겠네요.

단수되는 곳이 많았지요. 일단 그런 문제들을 해결해야 했던 거죠.

대형배수지 건설로 단수 방지

돈이 많이 들었겠네요.

그래서 우선 제가 수원기전과장으로 가서 한 일이 상수도 예산을 들이지 않고 배수지를 확보하는 거였어요.

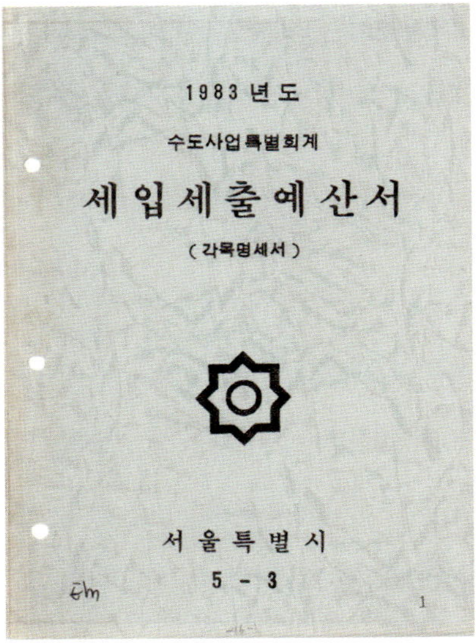

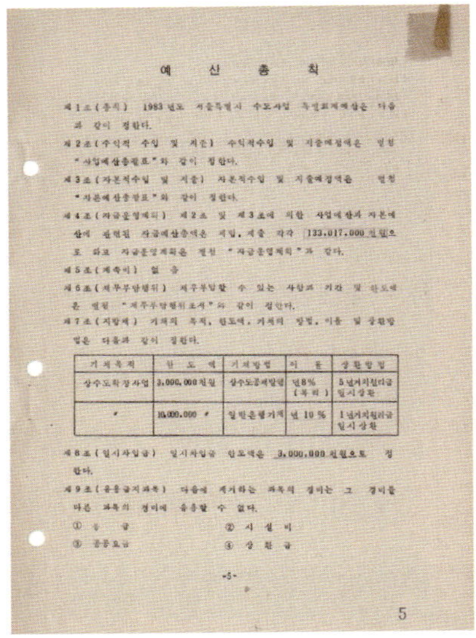

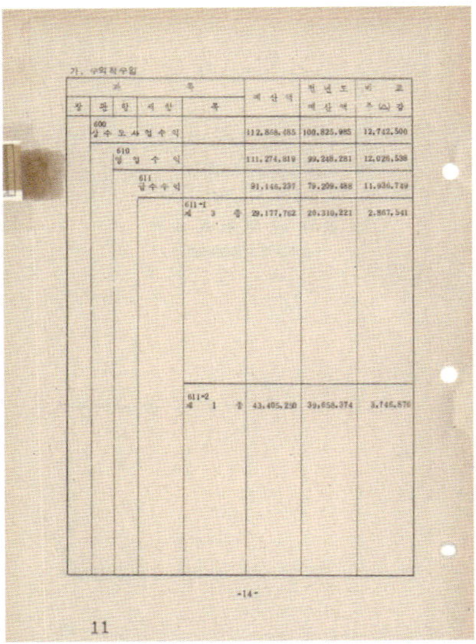

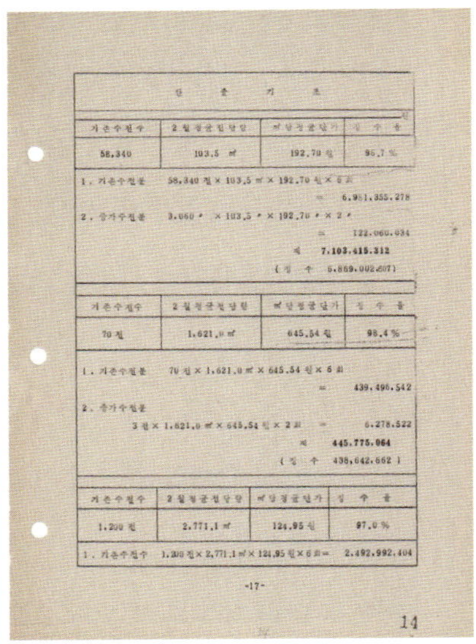

《1983년도 수도사업특별회계 세입세출 예산서》

그게 1982년이었나요?

맞아요. 1982년 중반기였습니다. 1983년도 예산을 편성하는 시기였어요. 그런데 회의에 참석해서 보니까 기존까지는 배수지를 300톤이나 500톤 규모로 몇 개를 건설한다는 게 주된 계획이더라고요. 그래서 제가 국장님께 말했죠. "지금 우리 수도 규모의 상황에서 300~500톤짜리만 지어서는 도저히 안정적인 급수가 안 됩니다. 크게 만들어야 합니다."라고 그랬어요.

안정급수를 하기에 기존까지는 턱없이 적은 예산을 잡았다는 거네요.

맞아요. 그래서 "5만 톤, 10만 톤짜리를 지어야지, 이래서는 감당을 못하지 않습니까?"라고 했던 거예요. 예산을 그렇게 300~500톤으로 잡아서는 해결이 안 되는 거죠.

곧바로 대형 배수지 만들 예산을 올려줬나요? 안 줬을 것 같은데요.

맞아요. 쉽사리 거액의 예산을 편성해 주겠어요? 그래서 다른 예산으로 배수지 건설을 추진할 궁리를 하게 되었던 거죠. 보니까 이듬해에 마침 대한주택공사에서 마들평야 지역을 개발하겠다고 하더라고요.

지금의 노원구 상계동 주변의 아파트 단지 일대를 말씀하시는 거죠?

예, 그래요. 거기를 개발한다고 했어요. 일단 대한주택공사 쪽에 요구할 사항이 있으면 제출해 달라고 도시계획 쪽에서 협조공문이 왔어요. 그래서 제가 10만 톤 규모의 월계배수지를 만들어주는 조건으로 수도

당시 지어진 상계지구 아파트 전경

공급 협상을 진행하라고 건의를 했죠. 덕분에 그 배수지를 대한주택공사에서 만들어 준 거죠.

서울시 예산이 아니라 대한주택공사 돈으로 한 거네요.

네, 맞아요. 대한주택공사에서 그걸 만들어주고, 관리는 서울시에서 하도록 했죠. 지금 노원구 일대가 엄청난 주택 밀집지잖아요. 그런데 상수도가 제대로 구축되지 않은 상황에서 집만 많이 지었다고 생각해 보세요. 그야말로 물난리가 나는 거죠. 물은 수요탄력성이 가장 낮아요. 99%가 충족되어도 1%가 모자라면 다들 부족하다고 하는 겁니다. 그리고 당시는 생산공장인 정수장에서 수요가需要家에 직접 공급하는

월계배수지에 조성된 오늘날의 초안산공원 운동장

급수체계였어요. 제가 그래서는 안 된다고 맨날 강조를 했지만 잘 바뀌지 않더라고요. 저는 공급체계를 바꾸자는 쪽이었어요. 말하자면 수돗물도 생산공장에서 도매상으로, 그다음 소매상으로 가도록 바꿔야 한다는 거였죠. 생산공장에서 물을 원하는 수요가로 일일이 직접 공급하는 체제는 안 된다는 거였죠.

당시 서울에서 단수되는 지역이 고지대나 급수불량 지역같이 일정하게 정해져 있던 걸로 알고 있습니다. 그 부분에 대해서 설명을 부탁드리겠습니다.

그때 수도에서 자주 사용하던 용어가 '고지대', '관말지역', '출수불량지역', 이런 부정적인 용어들이었어요. 그중에도 물이 잘 안 나오는 지역

❙ 영등포정수장 기공식에 참석한 김현옥 시장(1968년)

이 갈현동, 불광동 지역이었어요. 왜냐하면 정수장에서 가장 먼 곳이니까요. 보광동정수장에서 공급하기에는 멀었지만 고지대 위주로 공급하고, 영등포정수장에서도 그쪽의 낮은 지역을 공급하게 되었죠. 영등포정수장에서 갈현동이랑 불광동으로 물을 공급했던 거죠.

영등포정수장에서 은평구까지 물이 잘 보내졌나요?

당연히 잘 안 되죠. 그래서 그쪽은 항상 물이 잘 나오지 않는다고 하던 출수불량 지역입니다. 밤에는 나오다가 낮에는 안 나오고 그랬죠. 그때 주부들이 얼마나 고통스러웠겠어요? 많이 힘들었죠. 밤에 물을 받아놔도 부족하죠. 그러니 주부들이 '바께쓰(양동이)'를 들고 데모하러 오는 거죠. 우리 동네 물 좀 나오게 해달라고 했어요. 다음에는 또 낮에도 물이 나오게 해달라고 말이에요.

제 기억에도 그게 일상이었던 거 같습니다. 제가 어렸을 때도 그랬거든요. 제 어머니도 물 받으러 갈 때 혼자 가시는 게 아니라 저를 꼭 깨우셨어요. 손이 모자라니까요. 그게 언제까지 이어지나요?

대략 1984~1985년까지는 상황이 어려웠지요. 아까 말했듯이 불광동 언저리는 해결할 방법이 참 마땅하지 않았어요. 그래서 제가 수원기전 과장으로 장래에 강북정수장[6]을 건설할 때에는 정릉에서부터 평창동까지 터널을 뚫어 터널배수지를 만들기로 계획했어요. 거기서 평창동과 불광동, 갈현동 등 출수불량 지역에 물을 공급하겠다는 거죠. 그러면 갈현동, 평창동 일대의 출수불량 문제가 해결될 것으로 보았어요.

강북정수장 건설이 시작된 건 88서울올림픽 이후로 알고 있습니다. 계획은 그 전에 세워놨던 거군요.

그렇죠. 저는 그렇게 계획을 세운 다음에 뚝도정수장 소장으로 갔죠. 1989년 11월 19일 상수도사업본부가 개청했거든요. 당시에 총리실에 1990년 예산이 올라가 있더라고요. 그래서 정수장이랑 배수지 건설 예산을 추가해 상신했죠. 그때부터 강북정수장과 배수지 건설이 본격적으로 시작된 거예요. 그게 백상승 초대 본부장[7] 시절이었죠.

---

6 강북정수장은 경기도 남양주시에 위치해 있다. 1991년 착공되었고, 1998년 완공되었다. 강북의 종로구 등 9개 구와 경기도 구리시, 남양주시 등에 수돗물을 공급하고 있다. 현재 시설용량은 95만 톤 규모이다.

▎고지대에서 양동이를 가지고 물을 기다리는 시민들(1966년)

제 기억에도 88서울올림픽이 끝난 뒤에는 가끔 수도관이 파열되는 일은 있었지만 고질적으로 단수가 되지는 않았던 것 같습니다.

맞아요. 이제는 그렇게 대규모로 단수되는 경우는 없었죠.

그런데 수원지의 경우 서울에만 해당하는 문제가 아니고 경기도와도 얽혀 있잖아요. 물을 끌어오는 경우는 경기도와 협의를 해야 하고요. 어떤 문제들이

7 백상승(1935~2018)은 경북 경주 출신으로 고려대학교 법학과를 졸업하였다. 서울대공원 건설사업소장, 강남구청장, 서울시 산업경제국장, 상수도본부장, 서울시 부시장을 역임하였다. 부시장 재임기간은 1991년 2월 19일부터 1993년 3월 5일까지이다. 이후 제3·4대 민선 경주시장을 지냈다.

있었나요?

대부분은 정수장과 관련되지요. 지금 강북정수장이라든가, 광암정수장[8]이라든가, 모두 그린벨트 지역이지요. 거기서 관로를 끌어와야 하거든요. 매설에 관한 협의도 해야 하고요. 경기도 지역 중 일부는 서울에서 물을 공급해 달라고 하기도 하거든요. 지금도 강북정수장에서 나온 물의 일부는 구리시와 남양주시로 공급하고 있습니다. 물을 공급하는 조건으로 강북정수장 건설을 협의했어요.

당시 협의하는 과정에서 어려운 점은 없었나요?

그쪽에서 요구하는 것을 수용하는 거니까요. 가능한 방식으로 하는 거죠. 어떤 경우에는 대신에 도로를 좀 개설해 달라는 이야기도 있었어요.

수도기술연구소 소장으로 재직

수도기술연구소장으로 가신 게 몇 년도죠?

발령받은 게 1989년 11월 13일이었어요. 연구소가 11월 19일에 개청

8 광암정수장은 경기도 하남시에 위치해 있다. 1979년 수도권 광역 상수도 건설 계획에 따라 만들어졌다. 1965년 공사에 착공하였고, 1979년 1차 준공을 하여 하루 40만m^3를 통수하였고, 1981년 하루 40만m^3, 이듬해인 1982년 하루 20만m^3를 통수하여 총규모는 하루 100만m^3가 되었다. 현재는 하루 40만m^3로 운영되고 있다.

했으니까 그 직전에 간 거였죠.

본격적으로 간판에 '연구소'를 명명한 것인데요, 구의수원지 소장으로 가실 때는 당장 필요한 공부부터 했잖아요. 하지만 이제 시간이 흘러서 수도기술연구소로 갔으니까요. 어느 정도는 연구인력이 축적되어 있었겠죠?

연구소가 처음 개청할 때 직원들이 21명 정도였어요. 연구원들은 전문계약직으로 6명이었고요. 나머지는 행정직, 기술직, 모두 합해서 21명이었어요.

처음 연구소에서는 어떤 일을 했나요?

처음에는 일단 막 사람도 뽑고 그래야 했죠. 그런데 밖에서 보면 일단 연구소니까 당장 뭘 해야 했어요. 그래서 뭔가 할 수 있는 일부터 해봤죠. 제일 먼저 한 것이 정수장과 수도전 수질검사였어요. 서울시 내의 수도전 수질검사를 세계보건기구WHO 가이드라인에 맞추어 정해진 지점 곳곳을 다니면서 검사했어요. 그러면서 연구부장 2명, 연구직 4명을 전문계약직으로 공개 채용을 했죠. 그런데 이 사람들을 선발하고 임명하는데도 몇 달이 걸려요. 절차가 있어야 하거든요. 개중에는 며칠 만에 그만두기도 하더라고요. 연구부장은 박사학위 취득자로 뽑았는데 며칠 있다가 그만두고 가더라고요. 그럼 또다시 그 절차를 거쳐서 다시 사람을 뽑아야 했어요. 그 사람들은 전문직이지만 계약직이거든요. 그래서 이 사람들을 연구직으로 바꾸자고 해서 일반 전문직은 연구직으로 바꿨어요. 그런데 부장은 여전히 계약직으로 하고 있어요.

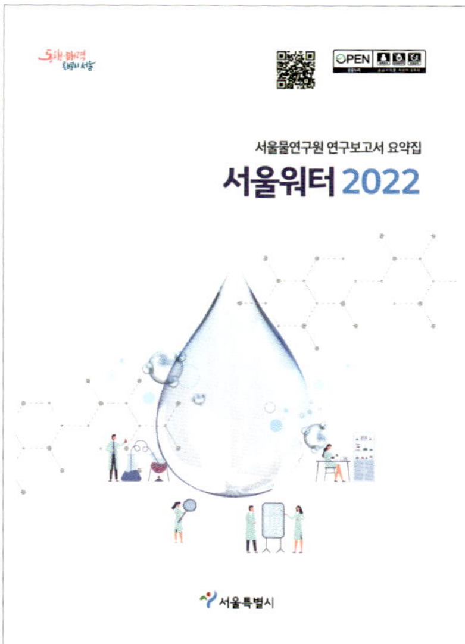

연구 결과

• 선행연구의 수질예측에 사용된 모델들을 참고하여 통계적 기법 중 다중선형회귀분석을, 머신러닝 기법 중 랜덤포레스트(Random forest)와 서포트벡터머신(Support Vector Machine), 그리고 딥러닝 기법 중 시계열자료 예측에 사용되는 LSTM(Long Short-Term Memory)을 선정

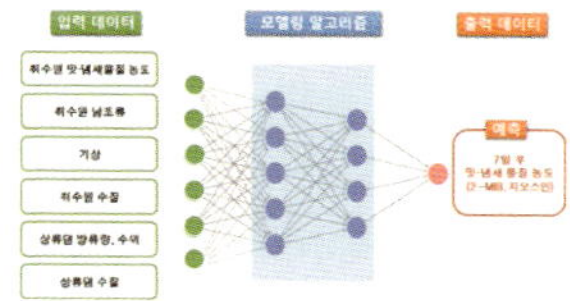

<예측모델 구조>

• 2008년~2019년(12년)의 취수원수 및 상류 수질, 수문, 기상 자료들을 활용하여 1주일 간격으로 입력 변수를 생성. 광암(팔당호) 지점은 총 184개, 암사 및 자양 지점은 총 116개 변수를 생성

• 랜덤포레스트의 feature importance를 이용하여 1주일 후 2-MIB와 지오스민 예측을 위한 주요 변수들을 선정하고 각 변수와의 상관관계 분석
- 2-MIB 예측에 선정된 주요 변수들 중 현재 2–MIB 농도, 수온, 전기전도도, Pseudanabaena, 유해남조류, 서울 일조시간은 예측 농도와 양(+)의 상관관계를, 질소류 농도와 충주조정지댐 및 팔당댐 방류량, 서울 평균풍속 및 일사량은 음(-)의 상관관계를 나타냈음.
- 지오스민 예측에 선정된 주요 변수들 중 현재 지오스민 농도, 유해남조류, 수온, 기온, 풍속(춘천, 서울), 서울 상대습도 및 일조시간은 예측 농도와 양(+)의 상관관계를, 해면기압, 일조시간, 강수량, 최대풍속(양평), 질소류 농도는 음(-)의 상관관계를 나타냈음

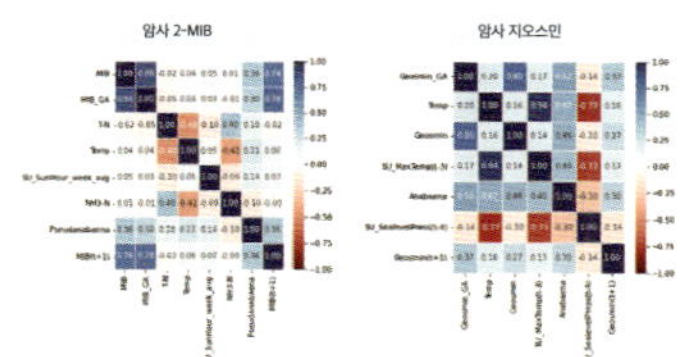

<일주일 후 맛·냄새물질 농도와 주요 변수들간 상관관계>

• 예측항목은 3개 취수장(광암, 암사, 자양)의 1주일 후 2-MIB, 지오스민 농도이며, 전체자료의 75%에 해당하는 2008~2016년 자료를 모델 학습(train)에 사용하고 나머지 25%에 해당하는 2017~2019년 자료를 평가(test)에 사용
- 다중선형회귀 모델은 단계별선택법(stepwise selection method)을 사용하였으며, 2-MIB 예측모델의 test 결과 전지점에서 RMSE 10.3~11.7, MAE 4.4~5.0 범위로 나타남. 지오스민 예측모델은 RMSE 5.8~11.5, MAE 3.7~8.7 범위로 나타남
- 랜덤포레스트 기법을 적용한 2-MIB 예측모델의 test 결과 전지점에서 RMSE 11.3~12.7, MAE 4.2~4.6 범위로 나타남. 지오스민 예측모델은 RMSE 6.1~8.5, MAE 3.3~3.8 범위로 나타남
- 서포트벡터머신 기법을 적용한 2-MIB 예측모델의 test 결과 전지점에서 RMSE는 10.5~11.3, MAE는 4.1~4.5 범위로 나타남. 지오스민 예측모델은 RMSE 5.7~6.3, MAE 3.0~3.6 범위로 나타남
- LSTM 기법을 적용한 2-MIB 예측모델의 test 결과 전지점에서 RMSE 13.4~15.8, MAE 4.9~5.9 범위로 나타났으며, 지오스민 예측모델은 RMSE 5.8~7.1, MAE 3.1~4.0 범위로 나타남

• 모델별 예측오차(RMSE, MAE) 및 시계열 변화 패턴 예측 정도를 기준으로 최적모델을 선정
- 2-MIB의 경우 광암은 랜덤포레스트, 암사와 자양은 서포트벡터머신 모델이 오차가 가장 적었으나, 피크 농도 예측력이 서포트벡터머신이 더 좋으므로 전지점에서 서포트벡터머신 모델 선정
- 지오스민의 경우 광암은 LSTM, 암사와 자양은 서포트벡터머신 모델이 오차가 가장 적었으나, 피크와 변동성 재현이 더 우수하며 오차도 유사한 랜덤포레스트 모델을 선정

• 예상과 달리 시계열 예측모델(LSTM)의 정확도가 높지 않았으므로 인공신경망 계열의 모델 중 일반 딥러닝 모델(DNN)을 추가 적용해서 평가할 필요가 있음. 개발된 모델들은 모두 고농도 피크 농도의 재현에는 한계가 존재하므로 이를 보완하여 정확도 높은 예측모델 개발을 위해서는 데이터의 주기적·지속적 축적이 이루어져야 한다고 생각됨

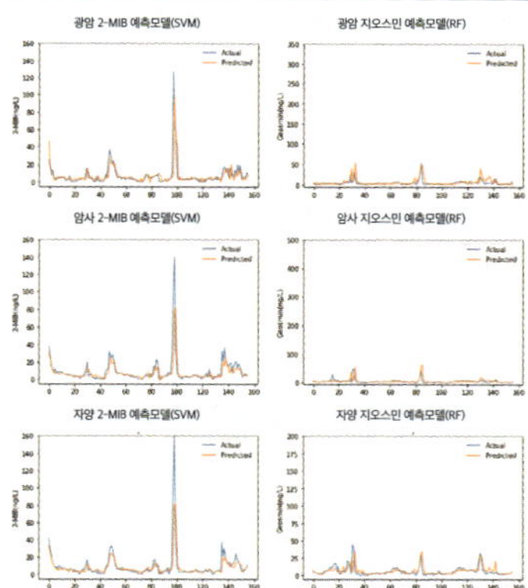

< 2-MIB와 지오스민 예측을 위한 모델 test 결과 (서포트벡터머신, 랜덤포레스트) >

활용방안

• 예측결과를 정기적으로 공유하여 고농도 맛 · 냄새 물질 발생 예측시 고도정수처리시설 최적운영조건 설정과 분말활성탄 준비 등 선제적 대응과 수질관리대책 수립에 활용
• 인공지능을 활용한 물환경 관리시스템 개발을 위한 기반기술로 활용

❙ 서울물연구원의 연구보고서

▎오늘날의 서울시 상수도사업본부 건물

연구원들의 직렬이 다르기 때문에 생기는 행정직이나 기술직과의 마찰은 없었나요?

있었죠. 일단 월급도 연구직과 행정직이 달랐어요. 물론 대학원에서 공부하면서 투자한 시간이 있기 때문에 초봉이 다른 사람들보다 높죠. 또 연구소에서 정확히 원하는 분야의 사람이 아닌데 채용이 되기도 했어요. 문제는 거기서 발생하는 듯합니다. 그 사람 입장에서는 포괄적으로 해당 분야를 연구해왔거든요. 그렇지만 연구소에서는 핀포인트로 정확히 특정 분야인 상수도 분야의 전문가를 원하는 거죠. 국내에는 그렇게 딱 들어맞는 상수도 전문가는 찾기가 힘들어요.

그런 경우 어떻게 하나요?

어쩔 수 없이 공부해야죠. 연구소를 처음 개소하고 제가 그 사람들하고 1주일에 2~3번씩 세미나를 진행했어요. 가령 어떤 사람을 지정해서 1주일 동안 특정 주제로 공부한 것을 발표하라고 했죠. 1~2명씩 계속 돌려가면서 했어요. 그리고 연구직이랑 현장직이랑 융화되도록 해야 했죠. 현장직과 연구직이 한 팀이 되어야 일이 되거든요. 예를 들어 연구직도 정수장에 보내도록 했어요. 그래서 지금 정수장 시험실에도 연구직이 같이 있어요. 그렇게 정수장과 연구소가 서로 연계가 되도록 했어요. 수질을 관리하는 최일선 현장은 정수장이니까 연구소에서도 보조를 맞추기 위해 연구직을 정수장으로 보내는 교류 인사인 거죠. 기술직도 마찬가지예요. 같이 움직여 줘야 연구도 가능하거든요. 그래서 세미나를 했을 때도 발표주제 선정은 연구직이 하더라도 기술직 직원과 함께 준비하는 방식으로 유도했죠.

상수도사업본부 차장으로 기술행정을 수행

1989년에 상수도사업본부가 만들어졌잖아요. 그게 서울시 상수도 행정에서 어떤 의미를 지니는 건가요?

이전에는 상하수국이었죠. 그런데 이제 하수도를 빼고 상수도만 가지고 상수도사업본부가 된 거예요.

1989년에 연구소장을 하다가 1994년에 상수도사업본부 차장, 지금의 직함으로는 부본부장으로 가시게 됩니다. 일단 차장으로 가게 되면 관리해야 할 인원 수만 해도 비교가 되지 않을 텐데요. 업무와 관련해 당장 일상이 어떻게 바뀌었나요? 결재만 해도 훨씬 더 많을 것 같은데요.

네, 많았어요. 일단 결재서류는 제 책상에 갖다가 놓으라고 했어요. 잘 모르는 것이 있을 경우에는 담당자를 불러서 물어보겠다고 했죠. 아니면 결제를 해 놓겠다고 했죠. 전자결재 도입 전이었거든요. 그리고 당시 김의재 본부장이 있었을 때였어요.[9] 그분이 강조한 것은 예산 절감이었죠. 왜냐면 그때는 빚이 상당히 많았어요. 그 빚을 몇 년 동안 갚자고 했던 게 기억이 나네요.

역대 본부장들을 보면 부시장으로 영전하는 사례가 많습니다. 그만큼 방대한 조직을 거느리게 되었기 때문인가요? 시장이 볼 때 상수도본부장을 할 정도면 부시장을 맡을 수 있겠다는 일종의 리트머스 시험지 같은 자리로 생각했던 건가요?

글쎄요. 그건 잘 모르겠어요. 어쨌든 백상승, 이원택,[10] 강덕기,[11] 김의

9 김의재는 1937년생으로 충남 보령 출신이다. 1962년 서울대 법대를 졸업하였다. 서울시 전차운수사업소 업무과장, 수도국 업무과장, 동작구청장, 중랑구청장, 상수도사업본부장, 서울시 행정1부시장 등을 지냈다. 이후 국가보훈처장과 제15대 국회의원을 역임하였다. 이 책 제2장의 구술자이기도 하다.

10 이원택(1935~2022)은 서울대 법대를 졸업하였다. 서울시 내무국장, 상수도본부장을 비롯해 서울시 부시장을 지냈다. 부시장 재임기간은 1993년 12월 27일부터 1994년 10월 22일까지이다.

11 강덕기는 1936년생으로 경남 진주 출신이다. 부산대 법대를 졸업하였다. 대통령 비서실 행정관을 비롯해 서울시 지하철본부 차장, 상수도본부장, 서울시 행정1부시장 등을 지냈다. 부시장 재임기간은 1994년 10월 22일부터 1995년 8월 5일, 1996년 12월 24일부터

❙ 연립주택 옥상에 있는 노란색 물탱크

재 본부장 모두 부시장으로 영전했죠.

당시 상수도사업본부에서 가장 역점을 두었던 일은 무엇인가요?

역점을 둔 것은 '야간 최소유량 측정에 따른 유수율 향상', '송배수관의 기능 분리', 그리고 '직결급수'였어요.[12]

1998년 6월 30일까지이다. 부사장 재임중 1997년 9월 9일 조순 시장이 사퇴하면서 1998년 6월 30일까지 서울시장 직무대리를 지냈다. 직무대리 재임기간은 1997년 9월 10일부터 1998년 6월 30일까지이다.

12 직결급수는 수도 본관에서 수도 인입관을 통해 직접 급수하는 방식이다. 수도의 압력을 그대로 이용한다.

구체적으로 말하면 어떤 건가요?

직결급수는 간단하게 말하면 연립주택들 위의 노란색 물탱크를 없애는 거예요. 저수조를 없애는 겁니다.

그러네요. 예전에는 건물에 물탱크가 많이 있었죠.

그렇죠. 그리고 송배수관의 기능 분리도 있었죠. 정수장에서 배수지로 가는 관은 송수 기능이고, 배수지에서 수요가로 가는 기능이 배수 기능이에요. 그전에는 이 배관의 기능을 구분하지 않고 하나로 해놨던 거예요. 송수와 배수가 한 관으로 기능을 하게 되었던 상황인 거죠. 모르는 사람이 보면 아무 문제가 없는 것처럼 보여요. 하지만 제대로 하려면 이 기능을 분리해야 하는 거죠. 수도기술의 기본은 선입선출先入先出이거든요. 먼저 들어 온 물이 먼저 흘러나가야 상하지 않는다는 겁니다. 모든 수도기술은 선입선출원칙에 따라 발전해 왔죠. 그만큼 중요한 겁니다. 안 그러면 물이 정체되고 결국 썩어버리거든요. 오래 정체되면 당연히 썩잖아요.

그렇죠. 고인 물이 생기면 썩죠. 먼저 들어온 물이 나가고 또 다른 새로운 물이 들어와 채워져야 하는 거네요.

정수장의 침전지에도 보면 정류벽이라고 있어요. 물이 중간에 정체되지 않도록 하는 거죠. 그것도 결국 선입선출의 원칙에 따른 것입니다. 현재 환경부에서는 이 이론에 반대되는 방식을 채택하고 있어요. 그런데 배수 방식에서 블록유량계를 설치할 때 잘못 배치하면 배수관에 정체 구간이 생겨요. 그러면 선입선출 원칙에 어긋나는 겁니다. 이 문제로 환경부에서 대학교수들과 모인 자리에서 몇 번 논쟁이 있었어요. 제가 퇴직하고 2005년 정도에 환경부 자문회의에 참석했을 때 "이 방식은 문제가 생길 수 있다."라고 했는데도 결국 환경부에서 그 방식으로 결정하더라고요. 제가 현직에 있을 때 그 방식은 안 된다고 주장해서 서울시는 그렇게 하지 않았어요. 나중에는 문제가 생길 거예요.

상수도사업본부라는 조직이 서울시에도 큰 조직이잖아요. 혹시 조직개편에 관한 이야기는 있었나요?

정수장의 소장 바로 밑에 주사가 있었죠. 소장은 4급이거든요. 그 밑이 6급 주사들이에요. 5급 사무관이 없는 구조였죠. 원래 조직은 4급, 5급, 6급, 이렇게 되어야 하거든요. 중간에 5급 사무관 없이 운영되었던 거죠. 제가 수원지 소장으로 있을 때도 그것 때문에 참 불편했어요. 왜냐하면 공직사회에서 상급자의 말을 듣는 건 본인이 언젠가 그 자리로 갈 수 있다는 희망이 있기 때문이거든요. 그래야 열심히 하려고 합니다. 그런데 직원들 입장에서 볼 때 소장 밑에 6급이 가장 높은 간부로 있다면 자신은 소장이 될 가능성이 없다는 거예요.

아, 중간 사다리가 없는 구조네요. 밑에 직원 입장에서는 승진할 가능성이 없다고 생각할 수 있겠네요.

맞아요. 그러니까 서로 의사소통이 잘 안 돼요.

어차피 부하 직원 입장에서는 본인이 소장이 될 수 없으니까 일도 대충대충 할 수도 있겠네요.

제가 직원이라도 그렇게 할 가능성이 있지요. 그러니까 소장이 될 가능성이 있도록 사다리를 만들어 줘야 하는 거죠. 그래서 제가 구의수원지에 있을 때에도 항상 이야기를 했어요. 물론 본청에서는 안 된다고 하죠. 결국 제가 상수도사업본부 차장으로 왔을 때가 돼서야 5급 사무관을 둘 수 있게 됐어요. 과장을 각 정수장에 2명씩 둔 거죠. 원래는 총무과장까지 3명을 두려고 했어요. 그런데 행정직들이 반대했어요. 정수장에 왜 5급 행정사무관을 두느냐 반대를 했죠.

정수장 업무 자체를 낮게 봤나 보네요.

그런 것도 있고요. 여기에 5급 사무관 자리가 하나 늘어나면 혹시나 본청의 5급 자리가 하나 줄어들 수도 있다는 걸 생각했던 거죠. 어쨌든 그렇게 5급 기술직 과장을 2명으로 만들었어요. 그렇게 만들어서 소장이 될 수 있다는 희망을 품도록 했어요. 제가 있을 때 조직개편은 그 정도였어요.

잘됐네요.

지금 배수지를 보면 그 위쪽은 구청에서 주민운동장처럼 활용하고 있어요. 제가 처음 배수지 상부를 시민을 위해 개방하기 전에는 외부인이 접근하지 못하도록 울타리를 쳐놓았어요. 그래서 제가 배수지를 설계할 때 수도와 관련된 부분만 울타리를 치고 나머지는 물탱크를 덮어

Ⅰ 현재 상부를 운동장으로 사용하고 있는 낙성대배수지

놓은 것뿐이니 시민들이 활용할 수 있도록 하자고 했어요. 지금 공무원교육원 운동장도 밑에는 배수지입니다. 용마산에 있는 용마배수지는 채석장으로 사용하던 부지를 활용했고, 한남동에 있는 남산배수지는 외인아파트 철거부지를 활용했습니다.

공무원교육원은 서초구 서초동의 서울시 인재개발원을 말씀하시는 거죠?

네, 맞아요. 다른 데도 많아요. 관악구 낙성대 배수지는 구청에서 운동장으로 관리하고 있습니다. 하부는 배수지인데 상부는 구민운동장으로 쓰고 있어요. 그래서 보면 배수지 상부에 축구장이 많이 있어요. 주민운동장으로, 잔디구장으로 사용하고 있습니다. 어떻게 보면 배수지도 하나의 큰 다중시설인 거죠.

다목적으로 사용하게 된 거네요.

제 친구도 만나면 이야기해요. 자기 동네의 배수지 상부를 운동장으로 쓰고 있다고 말이에요. 거기 운동장에 가서 운동하고 있다고 말이죠.

물이라는 것이 서울시만이 아니라 서울시 밖에서도 흘러 들어오잖아요. 그리고 서울시민에게만 공급하는 게 아니라 경우에 따라서는 인근 지자체와 주고받기도 하고요. 그럼 어디까지가 서울시가 단독으로 처리할 수 있는 건지 궁금합니다. 즉 어느 부분까지 중앙정부, 혹은 인근 지자체와 협의해야 하는 건지 궁금합니다.

서울의 시계市界 내에서는 당연히 서울시 소관이고, 시계 밖의 경우는 협의가 필요하죠. 가령 시계 밖에 물을 공급해 달라고 하면 협의를 거쳐 제공하죠.

이번에는 다른 질문을 드릴게요. 배수지 증설을 위해 시청 간부들을 많이 설득해야 했잖아요. 하지만 경우에 따라서는 전혀 안 먹히는 경우도 있었을 거고요. 그럴 때는 어떻게 하나요?

아까 말했듯이 마들평야 쪽은 주택공사한테 10만 톤 배수지를 건설하도록 했잖아요. 또 그때 마침 목동아파트건설사무소가 생겼어요. 상수도본부 건물 5층에 임시사무실을 설치했어요. 거기에 이신영 과장이란 분이 계셨는데 그분한테 부탁했어요. 목동아파트를 지을 때 지하 저수

| 목동아파트단지 건설 현장(1985년)

조를 짓지 말고, 그 옆에 5~6만 톤 규모의 배수지를 건설해 달라고요.

일단 그것도 서울시 예산이 아닌 거죠?

서울시 예산이긴 했어요. 다만 상수도 예산이 아닌 거죠. 그렇게 부탁하면서 몇 시간 동안 자세하게 설명을 했어요. 그분이 가만히 듣더니 자신은 수도는 잘 모르지만, 당신 이야기하는 게 너무 진지하니 믿고 들어주고 싶다고 했어요. 다만 서울시 수도정책이 따로 있기 때문에 당신이 이야기한다고 무턱대고 들어줄 수는 없다고 했죠. 시장까지 상부의 방침은 당신이 받아와야 한다고 하더라고요.

시장한테 오케이 사인을 받아오라는 거네요.

맞아요. 당시 지하저수조는 비상시를 대비해야 했기 때문에 의무사항

▌목동배수지에 만들어진 공원

이었어요. 그래서 일단 상하수도 국장에게 보고를 드렸죠. 아무 말씀을 안 하시더라고요. 그러기에 일단 방침 기안문을 만들기 시작했어요. 지하 저수조 대신에 배수지를 건설하겠다고요. 그러면 따로 상수도 예산을 안 들이고 11만 톤 규모의 배수지가 생기잖아요. 그런데 급수과장이 협조란에 협조자로 기안했는데 사인을 하지 않는 거예요. 그래서 왜 그러느냐고 물었더니 이러한 문서에 사인하면 본인이 징계감이 된다는 거예요.

문제가 있나요?

사인하면 본인이 징계를 받는다고 해요. 협조란에 사인한 사람이 징계감이라면 기안한 저는 어떻게 되겠어요? 그래서 급수과장란은 빼고 제가 직접 기안책임자로 기안을 했죠. 공연히 사무관에게 기안 책임을 지워서는 안 되겠더라고요. 어차피 제가 생각한 거니까 제가 기안하고, 목동사업소장의 협조를 받고 국장 사인을 받아서 부시장, 시장 결재를 받아냈죠. 목동과 신정동에 있는 2개의 배수지는 그렇게 만들게 된 겁니다. 그래서 목동아파트 단지에는 지하 저수조가 없어요. 왜 지하 저수조를 없애야 하는 건지 한참 설명한 덕분이었죠. 물론 지금도 여러 아파트에는 지하 저수조가 많아요. 다들 없애야 합니다.

일반 시민들은 잘 모르는 내용인데 간단히 설명하면 어떤 의미인가요?

간단히 말하면 쓸데없이 지하 저수조로 물을 아래로 내렸다가 다시 퍼 올리는 거예요. 수압이 있으면 물이 올라가는데 그걸 애써 지하 저수조로 내려보냈다가 추가 전력 비용을 들여 다시 퍼 올리는 거죠. 쓸데없는 가압전력비용이 추가로 들어가는 거죠. 게다가 지하 저수조는 주기적으로 청소를 해야만 해요. 그건 전문적으로 수질을 관리하는 사람이 하더라도 관리가 어렵거든요. 아파트관리사무소에서 관리하는 것은 무리한 일이죠.

지하 저수조는 관리가 제대로 되지 않을 테니까 처음부터 배수지를 만들자는 거네요.

맞아요. 제가 과장으로 처음 가서 한 일이 지하 저수조 청소입니다. 수질 문제 때문에 말이 많았죠.

▎청소가 불량한 저수조 내부의 모습

그게 구의정수장 계시다가 수원기전과 과장으로 갔을 때죠?

네, 맞아요. 제가 수원기전과장으로 갔을 때였죠. 1982년이었어요. 수질도 제 소관이었거든요. 그래서 아파트 지하 저수조를 청소해야겠다고 하니까 다들 뭐하러 그걸 청소하냐고 해요. 그래서 현장에 직접 가서 보여줬죠. 그러니까 모두들 청소해야 한다고 공감했죠. 아파트 지하조 청소를 제가 처음 시작했어요. 1년에 2번씩 하도록 했어요. 거기서 물을 더럽히면 수돗물이 이상하다고 시민들이 말하니까요.

그러네요. 아무리 정수장에서 정수를 잘해서 물을 보내도 물탱크 안에서 구정물이 되어버리면 소용이 없죠. 그럼 물탱크 청소가 아파트 관리지침으로 조항에 들어간 게 언제였나요?

제가 과장에서 떠난 다음으로 기억해요. 1985년 이후 무렵이었을 거예요. 저수조 청소에 관한 사례가 일본에도 있거든요. 그걸 가져와서 만들었을 겁니다.

이번에는 다른 질문을 드릴게요. 재직하셨을 당시 전임자와 후임자 사이의 인수인계는 어떻게 했나요?

제가 본청 수원기전과 과장으로 왔을 때 인수인계라기보다는 예전에 해 놓은 연구용역보고서들이 있더라고요. 정수장 건설 때 발주한 용역보고였어요. 가령 어떻게 물을 정수하고, 어떻게 배수하는지, 그런 보고서였죠. 그걸 보니까 "서울은 산과 구릉지가 많아 물을 공급하기에 대단히 나쁜 도시"라고 나오더라고요. 그런데 정수장이나 배수지 건설, 관망 정비와 관련한 보고서들을 들춰보니 하나같이 "물을 공급하기에 대단히 나쁜 도시"라는 문구가 반복해서 나오더라고요.

그런데 가만히 생각해 보니 역으로 생각해도 되지 않을까 싶더라고요. 물 공급 여건이 최악이라는데 거꾸로 최선의 도시로 만들어보자는 욕심이 생기더라고요. 역으로 산과 구릉지가 많으니까 거기에 배수지를 건설하면 추가로 전기를 쓰지 않아도 자연스럽게 배수지에서 흘러서 공급되지 않을까 하는 생각이 들더군요. '자연유하 방법을 채택하면 되지 않을까?'라고 생각한 겁니다. 그래서 배수지 건설에 주목하게 된 겁니다.

발상의 전환이네요.

일본 도쿄의 급수체계를 보면 강변 정수장에서 정수 후에 펌프로 중간 배수지로 보내죠. 거기는 지형이 평평하거든요. 거기서 다시 펌프로 가압을 해서 각 가정으로 보내요. 그런 공급방식의 정상이라고 생각했던 거죠. 그러니까 서울의 도시형태가 이상해 보이는 겁니다.

일본에서 도시공학을 공부했거나 참고한 사람은 그쪽의 평야형 도시를 기준으로 삼게 되죠. 우리는 구릉지가 많으니까 불리하다고 생각하게 되고요.

그렇죠. 사람들이 외국에 가서 선진도시를 견학하면 다들 평지로 된 도시의 상수도공급체계만 보고 오는 거예요. 그러니까 보고서에는 "산과 구릉지가 많아 수돗물을 공급하기에 대단히 나쁜 도시"라고 적는 겁니다. 그래서 저라도 생각을 바꾸자고 맘먹었어요. 수돗물 공급에 가장 좋은 도시를 만들기 위해 산과 구릉지를 적절히 이용하면 된다고 하는 거죠. 그때부터 배수지 만드는 데 집중했어요. 거꾸로 도쿄에서 50m 위에서 자연유하를 통해 물을 공급하려면 인공으로 산을 하나 만들어야 해요. 그런데 우리는 그냥 있는 산을 이용하면 되잖아요? 그래서 배수지 후보가 될 만한 곳에 직접 가서 지형을 살펴보았어요. 가령 어느 한쪽을 지나치게 깎아내야 하는지, 즉 절개지가 많지 않도록 가능한 곳을 찾아다닌 거죠.

자연 지형을 최대한 살리도록 하자는 거네요. 배수지는 구릉지나 고지대에 잘 만들어놓으면 인공적으로 가압하지 않아도 물이 자연스레 내려가니까요.

그렇죠. 자연유하가 가능하도록 배수지를 이렇게 만들었죠.

그럼 확충한 배수지는 해발고도가 높은 지역에 분포되나요?

아니요. 지역 배수지는 해발 50~70m에 설치했어요. 그 외에 2차 배수지를 만들었고요. 높은 곳은 삼양동이나 평창동 정도였어요.

수질오염대책회의에 참석한 고건 시장(1989년)

이런 발상은 기존에 참조한 일본의 도시계획에서는 없던 것이네요.

제가 그린 거죠.

선생님께서 차장이 될 당시가 지방자치제 부활로 민선시장 시기가 도래했던 시기였는데요. 민선 시장기로 접어들면서 관선 시장기와 비교해 물에 대한 생각도 바뀌었는지 궁금합니다.

초대 민선으로 왔던 조순 시장은 수도에 대한 이해는 깊지 않았지만 강홍빈[13] 부시장은 관심이 많았죠. 제가 직결급수제 등을 도입해야 한

13 강홍빈은 1945년생으로 황해도 재령 출신이다. 서울대 건축학과를 졸업하고 미국 하버드대 도시설계학 석사학위, 메사추세스공대 도시계획학 박사학위를 받았다. 대한주택공사 주택연구소장을 비롯해, 서울시 정책기획관, 서울학연구소장, 서울시정개발연구원장, 서

다고 강조하니까 정책적으로 동조를 해줬어요. 그다음에 고건 시장이 다시 민선시장으로 왔을 때도 관심이 많았어요. 제가 하고자 하는 일은 적극적으로 지원해 주셨죠. 고 시장이 관선기 때도 많이 도와줬어요. 제가 수도기술연구소장이었을 때였는데 풍납동 유수지가 침수가 된 적이 있어요. 강동구청까지 침수가 되었어요. 저는 연구소장이라 딱히 할 일이 없어서 그날 밤에는 집에 있었죠. 그런데 하수국장한테서 새벽 4시에 전화가 왔어요. 아침까지 부시장실로 오라고 하네요. 가 보니까 하수국장이 부시장과 이야기를 나누고 있어요. 들어보니 서울에 있는 수중펌프 500대를 동원해 줄 테니까 유수지 물을 퍼달라고 해요.

그래서 "제가 현장을 가서 보고 조치를 하겠습니다."라고 한 다음에 일단 가서 보니까 모터펌프를 비롯해 침수된 설비를 바꿔야겠더라고요. 그거를 바꾸는 게 오히려 일반 수중펌프 100~200대 돌리는 것보다 낫거든요. 그런데 설비를 바꾸려면 계약을 체결해야 해요. 그것도 행정 일이니까 원래는 며칠 걸려요. 물론 그걸로 며칠 시간을 끌 수 없으니까 당장은 설치부터 하고 계약은 나중에 처리하도록 했어요.

일단 새 설비를 설치하고 침수된 모터는 건조하는 등의 조치를 취하고 그렇게 펌프를 돌렸어요. 처음에는 2대를 돌리면 될 거라고 봤는데 일단 3대를 준비하고 전화로 보고했어요. 그랬더니 위에서는 매시간 보고하라고 하더라고요. 물론 그 바쁜 시간에 그렇게 할 수가 없더

울시 행정1부시장을 지냈다. 부시장 재임기간은 1999년 8월 17일부터 2002년 6월 30일까지이다. 이후 서울시립대 교수를 역임하였다.

❙ 풍납동 전경

라고요. 그래서 한나절에 한 번씩만 하겠다고 했죠. 결국 설비는 이틀에 걸쳐서 설치했죠. 그런데 또 다음 태풍이 올라온다는 거예요. 일단 고건 시장에게 가서 3대를 설치했다고 보고하니까 수고했다고 하시더라고요. 그런데 저한테 복구되지 않은 펌프가 몇 대 더 있냐고 묻더라고요. 그래서 2대가 더 있다고 했죠. 그러니까 그것도 다 설치하라고 하더라고요. 그래서 나머지 2대까지 합해서 모두 5대를 복구해서 설치를 했어요. 그렇게 처리를 다 해 놓으니까 지역구 국회의원이 현장에 와서 큰소리를 쳤어요. 그렇지만 시설이 모두 복구되어서 문제가 없다고 설명을 들은 다음에는 알겠다고 하고 그냥 돌아가셨어요.

시장이 복구하는 일을 잘 밀어줬네요.

그렇죠.

제 기억에도 예전에는 한강 물이 넘치는 일이 꽤 있었던 것 같습니다. 강남고속터미널 지하상가, 청담동, 아산병원도 잠긴 적 있고요. 그런 홍수가 상수도에 미치는 영향은 없나요?

노량진정수장 쪽으로 가다가 보면 사육신묘 동쪽에도 정수장이 있어요. 지금은 공원처럼 만들어놨죠. 그 정수장의 제3공장이 침수가 된 일이 있어요. 1983년이었던 걸로 기억하네요. 물이 빠지고 나중에 정비하는 데에도 3일 정도 걸렸어요. 내내 밤을 세웠죠. 마침 국장이 방문했는데 지쳐서 보고 도중에 잠이 든 일도 있어요.

정수장이 침수가 되면 어떻게 복구하나요?

기본적으로는 물이 빠져야 해요. 어느 정도 하천 수위가 낮아지면 하천 수위 아래로는 물이 빠지지 않으니까 그건 펌프로 다 퍼내야 해요.

서울시의 엄격한 수돗물 품질 관리

이번에는 다른 질문을 드릴게요. 1980년대까지는 물이 안 나오는 걸로 민원이 있었잖아요. 그런데 1990년대 들면서 물의 절대량 공급에서 양질의 물을 공급하는 쪽으로 바뀌게 되고요. 그러면 1990년대에는 그 이전과 달리 수질과 관련한 민원이 있었나요?

아까 인천 이야기도 했지만 예전에 중랑구 면목동에서 비슷한 일이 있었어요. 수도에서 실지렁이가 나온다는 거예요. 그 민원인 집을 가보니 수돗물에서 나왔대요. 그럼 원인을 찾아야죠. 정수장 물에서는 도저히 나올 수가 없거든요. 그래서 그 동네 집들을 다 돌았어요. 어느 집에 가서 보니까 대야 같은 데에 물고기 밥을 놓아두었는데 그게 없어졌다는 거예요. 단수가 되었는데 수도꼭지를 열어둔 상황이었거든요. 거기로 빨려들어 간 겁니다.

그렇게도 빨려들어 갈 수 있군요. 물고기 밥이 실지렁이고요.

네, 맞아요. 그 집에서는 물고기 먹이가 없어졌던 거예요. 정수장에서는 도저히 원인을 알 수가 없는 거죠. 아까 말했던 인천의 경우도 마찬가지예요.

정수장에서 나왔을 때는 문제가 없던 거네요. 결국 각 가정으로 흘러가는 과정에서 뭔가가 혼입되었던 거군요. 그럼 그런 일이 생기면 계속 출장 나가셔야 하잖아요?

그렇죠. 그날은 하루 종일 찾아다니는 거죠. 원인이라도 규명하면 다행이죠.

그럼 그렇게 가가호호 방문해서 원인을 규명한 뒤로는 실지렁이가 안 나

❙ 수질검사를 위해 현장에서 샘플을 채취하는 모습

왔나요?

안 나왔죠. 그리고 또 한 번은 의과대학 교수가 수돗물을 받아서 수질 검사를 했는데 화학적 산소요구량COD이 많이 나왔다는 거예요.[14] 그런데 나중에 알고 보니까 그 의사 선생님이 우유병에 물을 받아서 검사를 했다고 해요. 우유병에 우유가 남았으니 그런 결과가 나왔던 거예요. 그런데 그게 신문에 났어요. 수돗물 검사를 했더니 COD가 높다고 말이에요.

---

14 화학적산소요구량(Chemical Oxygen Demand, COD)은 물의 오염 정도를 나타내는 기준으로 유기물 등의 오염물질을 산화하기 위해 물속에 존재해야 하는 용존 산소의 양을 말한다.

억울한 케이스네요.

억울하죠. 하지만 시민들하고 시비 붙어봐야 무슨 소용이 있겠어요. 변명하면 공연히 일만 커지는 거죠.

1990년대 들어서 시민들이 본격적으로 생수를 사 먹기 시작하잖아요. 제 기억에 이전까지는 학교에서 수돗물을 그대로 마셨고, 집에서는 배앓이 한다고 보리차를 마셨거든요. 그런데 어느 순간부터 각 가정에서 생수를 배달해서 먹더라고요. 처음에는 "물을 돈 주고 사 먹어?"라는 반응이 많았죠. 결과적으로 시민들 입장에서는 음용수로서 수돗물 외에 생수라는 또 다른 선택지가 늘어난 것일 수도 있잖아요. 당시에 생수가 등장하면서 서울시의 상수행정과 관련해 어떤 논의가 있었나요?

생수를 공급하는 것에 대해서는 별도로 규제할 방법이 없죠. 환경부에서 생수를 6개월마다 검사를 해요. 그 6개월 사이에 어떤 물이 유통되는지는 사실상 모니터링이 불가능한 상황이죠. 하지만 수돗물은 매일 검사하잖아요. 그럼 수돗물이 더 안전하다고 할 수 있는 거죠.

서울시의 아리수 사업은 선생님께서 퇴직한 후의 일인가요?

그렇죠. 저는 원래 병에 담은 물을 만들자고 했어요. 일본 도쿄에 가면 비상시에 대비해 물을 캔에 담아서 비상용으로 집집마다 한 박스씩 비치해요. 몇 달 지나면 또 바꿔서 두고요. 지진이나 재해가 일어나면 수돗물이 단수될 수 있으니까요. 단수에 대비한 거죠. 우리도 그 정도는 필요하다고 봤어요. 제가 있을 때는 그걸 판매하는 것까지는 고려하지 않았고요. 퇴직하고 나서 아리수 사업이 시작되었죠.

어떻게 보면 상수도에서 가장 기본적이지만 근본적인 질문일 수 있는데요. 우리가 안전한 물을 먹기 위해 가장 중요한 것은 무엇일까요?

앞에서 말했지만 선입선출의 원칙을 지키는 거예요. 선입선출에는 많은 의미가 담겨 있어요. 현직에 있을 때도 설계심사할 적에 설계도면을 보면 제일 먼저 선입선출의 원칙을 지켰는지를 살폈습니다. 가령 설계 심사를 할 때에도 기술심사관실에서 마지막에 검토한 것은 선입선출을 지키는지, 물이 정체될 구간은 없는지를 살펴보는 것이 가장 우선이고, 마지막에 가서도 살펴보는 거죠.

언론에서 수돗물이 위험하다고 하면서 정수기나 생수를 홍보하는 경우가 간혹 있는데요. 그럴 때는 사업소 차원에서 반론을 펼치거나 언론 홍보 같은 일을 하나요?

1992년이었던 것 같네요. 잠실5단지 아파트에서 단체로 정수기를 설치한 적이 있어요. 신문에도 한번 났어요. 제가 연구소장이었을 때였죠. 그래서 제가 연구원들 데리고 가서 물을 채취해 수질검사를 해봤어요. 정수기에서 나온 물이랑 수돗물이랑 수질검사를 했어요. 수소이온농도pH를 말이죠. 물이 산성인지, 알칼리성인지, 그걸 알아보는 거예요. 수돗물은 7.8이고, 정수기는 5.0이었어요. 그러니 정수기 물은 강한 산성인 거예요. 물론 탁도는 정수기를 거쳤으니 맑았고요. 그래서 여러 수치를 뽑아서 본부에 보고했어요. 기자들에게도 알렸죠. 정수기에서 나오는 물도 pH가 5.0 정도라서 음용수 기준에 어긋난다고 말이에요. 결국 그 정수기 업자가 잠실단지에 설치한 것을 철거해갔어요. 사실 정수기가 보급된 것은 1998년도 김대중 대통령 당선 뒤입니다. 당선되고서 가자가 "물은 뭐를 드십니까?"라고 물으니까 "친구가 정수기를 줘서 그걸로 마셔요."라고 했던 게 신문에 났거든요. 그러면서 보급되기 시작했죠.

제 기억으로 생수는 88서울올림픽 이후인 듯합니다. 1990년대 초중반부터 보급되었죠. 처음엔 주류회사가 좋은 물을 선점하다가 생수도 팔았던 것으로 알고 있습니다. 당시에 여러 논란이 있었던 것으로 알고 있는데요. 생수의 취수과정이나 페트병 관리 같은 게 문제였던 걸로 말이죠.

1995년에 환경부에서 회의가 있었어요. 생수 모니터링에 관한 사항이었어요. 검사를 하고 6개월 동안은 유통과정에 대한 모니터링이 되지 않으니까요. 마개로 막았지만 시간이 지나면서 병 안에서 일어나는 수질 변화의 모니터링은 되지 않고 있었죠. 그랬더니 업체들은 그것까지는 관리하지 못 하겠대요.

인력이 모자라서 그랬나요?

아마도 그랬겠죠.

범죄자들이 임의로 나쁜 독극물 같은 걸 넣고서 협박 전화를 할 수 있을 수도 있었겠네요.

업체들 책임이 되니까 그럴 수도 있고요.

❙ 병물 아리수 제조 모습

서울시에서 페트병에 아리수를 담기 시작한 건 2008~2009년인가요?

그럴 거예요. 아까 말했듯이 일본은 비상용으로 캔에 물을 담아 집에 6개월마다 1박스씩 교체하여 보관하고 있었거든요. 그래서 아리수를 재난용으로 사용하자는 이야기는 했죠. 제가 있을 때는 유통은 하지 말자고 했죠. 제가 떠나고 나서 2년쯤 있다가 밖으로 보내기 시작했죠.

요즘은 아웃소싱 같은 외부 인력을 쓰거나 과업 수행을 진행하는 경우도 있잖아요. 그런데 그런 건 발주하는 사람 따로, 결과를 챙기는 사람 따로, 그렇게 일 처리가 되더라고요. 그래서 중간에 챙겨야 할 사항들이 제대로 관리되지 않는 경우도 있고요. 당시에는 그런 경우는 없었나요?

보통 용역업자나 설계회사는 자신들이 공무원보다 더 잘 안다고 생각해요. 그래서 공무원이 어떤 걸 고쳐야 한다고 지적하면 엄청 싫어해요. 강북정수장 착공을 앞두고 제가 공사 중지를 지시한 적이 있어요. 1995년이었을 거예요. 저기 태릉에서 신내동 가는 길 도로변에 타워가 하나 서 있죠. 당시 설계가 잘못되었어요. 그래서 7가지 문제점을 정리해서 용역회사 측에 설명을 요구한 적이 있어요. 그래서 착공이 1년 반 정도 늦어졌어요. 한국종합[15]과 신우엔지니어링[16]에서 설계를 했거든요. 수도설계 용역회사가 2개가 함께 걸려 있었던 경우였죠. 그러니까 업체 쪽에서는 "전임자가 오케이를 했으면 됐지, 이제 와서 차장이 바뀌었다고 뭘 더 하라는 거냐?"라며 화를 냈죠.

다 끝난 마당에 왜 브레이크를 거냐는 거네요.

그렇죠. 용역과업도 끝났고 공사를 착공해야 하는 상황이었거든요. 그런데 제가 보니까 이거는 그대로 공사를 진행하면 안 되겠더라고요. 해명하라고 했죠. 한참 있다가 가져온 게 스위스 회사의 감정 의견이었어요. 그런데 내용을 보니까 원문은 부정적인 내용이었는데 번역을 긍정적인 걸로 바꿔왔더라고요. 그래서 안 된다고 했죠.

---

15 (주)한국종합기술은 상하수도, 수자원개발, 도시계획, 도로, 교통, 항만, 철도, 등에 대한 설계, 시험, 감리, 자문 등을 수행하는 종합건설엔지니어링 회사이다. 1963년 3월 건설부 산하의 정부재투자기관으로 세워진 국제산업기술단으로 출발하였고, 1965년 5월 한국종합기술공사에 흡수통합되었다. 1966년 8월 한국종합기술개발공사로 변경했다. 1994년 5월 정부의 공기업 민영화 정책에 따라 한진그룹의 계열사가 되었다.

16 신우엔지니어링은 1986년 2월 설립된 상하수도설계 전문용역회사이다. 강북정수장의 기본 및 실시설계, 덕산정수장 고도정수처리시설 설계 등을 수행하였다.

❙ 강북아리수정수센터

설계가 어떻게 잘못된 거였나요?

구상 자체가 잘못된 거죠. 그래서 외국에서 이렇게 설계한 사례가 있으면 제시해 보라고 했죠. 이건 설계 구상 자체가 잘못되었다고 했죠. 그 문제로 한참 시비가 붙었거든요. 일단 부시장한테 미리 상황 설명을 해 놓아야겠더라고요. 그렇지 않으면 용역회사가 어디 다른 데를 통해 "이런 일로 차장이 트집을 잡는다."라고 할 것 같더라고요. 그래서 이동 부시장,[17] 김의재 부시장, 두 분에게 설명을 다 했어요. 용역회

17 이동(李棟)은 1941년생으로 서울대 건축공학과를 졸업하고 미국 콜럼비아대 도시계획

사에서 혹시 설명하러 들어오거든 미리 알아두라고 말이죠. 그랬더니 이동 부시장은 제 이야기가 "귀하의 논리에 모순이 없으며 모두 맞다." 라고 하더라고요. 나중에 감사관실에서 그 내용을 보더니 덕분에 비용이 절감되었다고 하더라고요. 나중에 서울시에서 건설직들 교육할 때 예산을 절감한 사례로 활용했다고 해요.

모범사례가 되었군요.

그렇죠. 1년 반 동안 업자와 시비가 붙었어요.

1년 넘게 옥신각신을 했네요.

나중에는 이거 때문에 진행이 안 되니까 서울시 측과 업자 측에서 각기 교수 등 전문가 3명씩 추천해서 이야기를 듣고 결정하자고 했어요. 그래서 6명을 불러놓고 저는 저대로, 업자들은 업자대로 설명했어요. 업자는 자신의 설계에 대해 설명하고, 저는 그게 무슨 문제점이 있는지 지적했고요. 물론 교수들은 그쪽에 아주 전문가는 아니에요. 사실 세부적인 내용은 잘 몰라요.

과 석사학위를 받았다. 서울시 종합건설본부장, 지하철건설본부장을 지냈다. 이후 서울시 행정2부시장과 서울시립대 총장을 역임하였다. 부시장 재임기간은 1994년 12월 6일부터 1998년 8월 2일까지이다.

하지만 이야기를 들어보면 논리적으로 어느 쪽이 더 합리적인지 판단은 할 수 있겠죠?

그렇죠. 그 결과 6명 중 5명이 제 주장을 지지했고, 1명은 잘 모르겠다고 하더군요.

그때 그 용역이 얼마짜리였나요?

컸지요. 몇십억 원은 되었을 거예요.

수도 계통은 단일 건도 몇십억 원 규모네요. 컸네요.

맞아요. 아무튼 업체가 추천한 교수들도 제 편을 들었어요. 결국 나중에는 자기들이 승복하고 도면을 새로 그리겠다고 하더라고요. 재설계를 하게 되었죠.

1970~1980년대 기술원조의 문제점과 사업방식 변경

1970년대 만들어진 영등포정수장은 12만 톤 규모더라고요.

그때는 우리가 수도를 처리할 예산이 적었거든요. 그래서 조그맣게 했죠.

핵심은 돈이었네요. 1970년에 영등포정수장 건설할 때 예산을 확인하니까 30억 원이었더라고요. 소박하다고 할 수 있네요. 또 그중에서도 10억 원이 모자

오늘날의 선유도공원

랐다고 하고요. 결국 차관을 도입해서 시설을 늘렸다고 알고 있습니다.

ADB 차관으로 메웠죠. 실은 구의정수장 제3공장이랑 선유정수장에도 차관이 들어갔어요.

건설사는 어디였나요?

선유정수장은 태영건설[18]이었어요. 기술지도는 프랑스의 데그레몽이었고요.

18 태영건설은 1973년 11월 태영개발로 시작하였다. 초기에는 주로 관급공사를 맡았다. 1985년 사명을 (주)태영으로 바꾸고 1989년 한국증권거래소에 상장하였고, 이듬해에 서울방송 지배주주로 선정되었다. 2007년 현재의 명칭으로 사명을 변경하였다.

그럼 기술은 프랑스 방식을 도입했네요.

맞아요. 그래서 광암정수장과 선유정수장은 상향류침전방식이에요. 맥동식이라고도 해요. 기획할 때도 그렇고, 유지할 때도 관리가 어려웠어요. 이런 방식으로 하면 안 되겠다는 생각을 하게 되었어요. 상향류침전방식인데 그게 우리 실정에 맞지 않는다는 걸 느꼈죠. 직원들도 어려워했죠. 또 한 가지는 원수 탁도에 변동이 없어야 하거든요. 우리는 한강 상류에 댐이 여러 개 있어서 다 침전이 되어서 내려오니까 내려오는 물은 맑아요. 3~5NTU 정도의 탁도이죠. 맥동식은 20NTU정도의 탁도가 있어야 하거든요. 그래서 탁도가 없으면 인공으로 탁질을 만들어 넣어야 해요. 그게 결국 비용이죠.

정화를 위해 탁하게 만들어야 하는 모순된 상황이군요?

탁질을 넣으려면 엄청난 비용이 들죠. 유지관리가 어려운 방식이죠. 주변 공무원들 중에는 프랑스에서 연수를 받고 온 사람들은 가급적 프랑스 쪽을 도우려고 생각했죠. 제가 이 방식의 문제점을 이야기하는 걸 좋아하지 않았어요. 자료를 만들어 국장에게 보고하고, 국장이 시장에게 설명했어요. 나중에는 제가 직접 설명을 하겠다고 했죠. 시장도 처음엔 못 마땅해했는데, "제가 우리 수도의 역사를 새로 만들어 갈 터이니 도와주십시오."라고 했더니 조금씩 귀를 기울였어요. 그러면서 "이거 혹시 일본 차관으로 하자는 거는 아니지?"라고 되묻기도 했어요. "일단 자료를 놔두고 가라."고 했어요. 제가 가져갔던 "일본책도 두고 가라."고 했어요.

프랑스 기술에 반대하니까 혹시 다른 나라 쪽 편드는 걸로 생각할 수도 있겠네요.

그런 거 같아요. 며칠 후에 들으니 시장 명령으로 이동 연구관이 조사를 하고 있다고 하더라고요. 혹시 제가 일본 쪽과 연관되어 있는지 말이에요. 그래서 제가 이동 연구관에게 설명을 하려고 하니까 "당신은 내 방에 들어와서는 안 된다."라고 그래요. 공연히 모의한 것처럼 오해 받을 수 있거든요. 그렇게 이동 연구관이 조사를 해서 시장에게 보고를 했는데 제가 보고했던 내용과 차이가 없다고 야단을 쳤대요. 그래서 다시 한번 안상영 건설본부장이 보고서를 만들어 보고를 했습니다. 당시에 기술직 중에 가장 높은 분이 안상영 건설본부장이었거든요. 이때가 암사정수장 건설을 준비하는 설계를 할 때였습니다. 원래 암사정수장 기본계획에는 정수방식이나 자금 등에 관해 정해 둔 게 있었거든요. 그런데 그걸 뒤집고 우리 실정에 맞는 정수방식을 채택한 거였어요. 바깥세력에 휘둘리지 않고 말입니다. 역사에 기록될 수 있는 일이었죠. 시장께서도 수긍해주셔서 무난하게 일을 마무리할 수 있었습니다.

이 분야에 대해서 이야기를 들어보니까 당시 설비를 만들 때 서양 기술로 만든 다음에 그 나라한테 A/S를 신청했더니 한 번 와서 보고는 그다음에는 오지도 않았던 사례가 좀 있었다고 하더라고요. 일본 같은 경우도 전두환 정부 때까지는 차관자금을 공여하였는데, 그 이후에는 한국에 두었던 사무소를 폐쇄시키면서 없어졌다고 하고요.

그러고 보니까 기억 나는 게 있네요. 1984년이었을 거예요. 당시 일본이랑 OECF[19]를 통해 차관제공 협상을 체결했어요. 일단 차관의 실

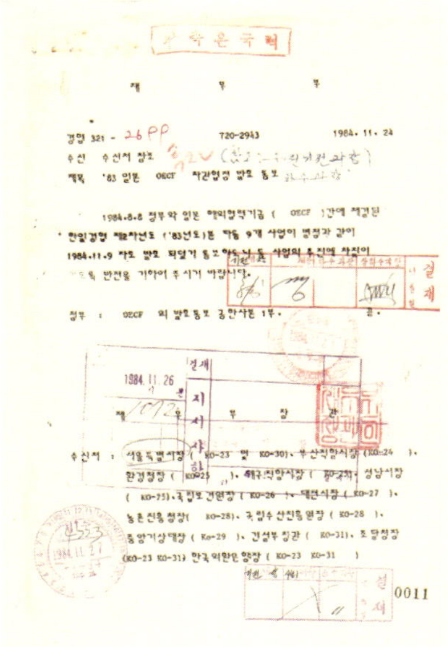
재 무 부

경협 321 - 26PP 720-2943 1984. 11. 24

수신 수신처 참조

제목 '83 일본 OECF 차관협정 발효 통보

1984.8.8 정부와 일본 해외협력기금 (OECF)간에 체결된 한일경협 제12차년도 ('83년도)분 차관 9개 사업이 별첨과 같이 1984.11.9 자로 발효 되었기 통보하오니 동 사업의 추진에 차질이 없도록 만전을 기하여 주시기 바랍니다.

첨부 : OECF 의 발효통보 공한사본 1부. 끝.

재 무 부 장 관

수신처 : 서울특별시장 (KO-23 및 KO-30), 부산직할시장 (KO-24), 환경청장 (KO-25), 대구직할시장 (KO-23), 성남시장 (KO-25), 국립보건원장 (KO-26), 대전시장 (KO-27), 농촌진흥청장 (KO-28), 국립수산진흥원장 (KO-28), 중앙기상대장 (KO-29), 건설부장관 (KO-31), 조달청장 (KO-23 KO-31) 한국외환은행장 (KO-23 KO-31)

0011

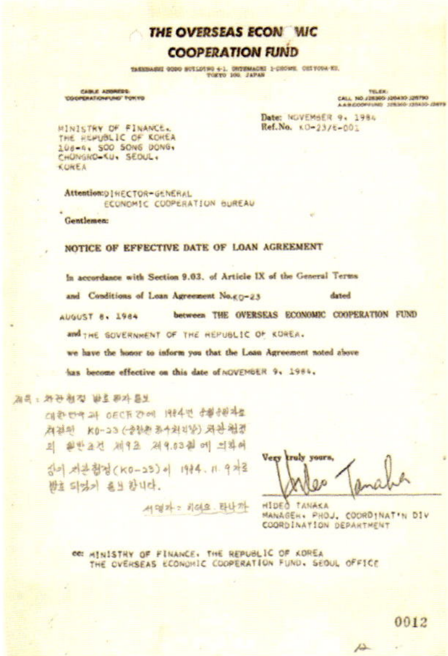
THE OVERSEAS ECON MIC COOPERATION FUND

TOKYO 100, JAPAN

CABLE ADDRESS: "COOPERATIONFUND" TOKYO

Date: NOVEMBER 9, 1984
Ref.No. KO-23/E-001

MINISTRY OF FINANCE,
THE REPUBLIC OF KOREA
108-4, SOO SONG DONG,
CHONGRO-KU, SEOUL,
KOREA

Attention: DIRECTOR-GENERAL
ECONOMIC COOPERATION BUREAU

Gentlemen:

NOTICE OF EFFECTIVE DATE OF LOAN AGREEMENT

In accordance with Section 9.03. of Article IX of the General Terms and Conditions of Loan Agreement No.KO-23 dated AUGUST 8, 1984 between THE OVERSEAS ECONOMIC COOPERATION FUND and THE GOVERNMENT OF THE REPUBLIC OF KOREA, we have the honor to inform you that the Loan Agreement noted above has become effective on this date of NOVEMBER 9, 1984.

Very truly yours,

HIDEO TANAKA
MANAGER, PROJ. COORDINAT'N DIV
COORDINATION DEPARTMENT

cc: MINISTRY OF FINANCE, THE REPUBLIC OF KOREA
THE OVERSEAS ECONOMIC COOPERATION FUND, SEOUL OFFICE

0012

▎일본 OECF차관 관련 서류

무 협의내용이 확정되면 그대로 국회로 가서 조약 승인을 받아야 해요. 대통령도 그대로 사인하고요. 차관 실무협의 초안을 만들 때 재무부의 무슨 국장이 그 담당이었어요. 그 국장이 우리 같은 실무진 과장 12~13명을 데리고 일본과 한국에서 회의를 진행했어요. 그러면 그 결과를 가지고 국회로 보내거든요.

---

19 OECF은 일본이 1961년부터 개발도상국에 공여하고 있는 차관, 혹은 이를 담당하고 있는 기관을 말한다. 해외경제협력기금이라고도 한다. 개발도상국의 산업개발과 경제안정에 기여하고 해외경제협력을 촉진시키는 것을 목적으로 하고 있다. OECF의 주요임무는 개발도상국 정부나 정부기관에 대한 차관융자, 일본기업이나 현지기업이 개발도상국에서 실시하는 사업에 대한 자금융자업무 등이 있다. 우리나라도 3기에 걸쳐 91건 5,960억 엔의 OECF를 제공받았다. 현재는 우리나라는 개발도상국 단계를 벗어남에 따라 더이상 OECF를 들여오지 않고 있다. 그리고 일본에서는 1987년부터는 이와 비슷한 '대외경제협력기

저도 그때 OECF 차관자금 협의할 때 실무자로 참여했어요. 수도 부문은 서울, 부산, 대전 등에서 과장들이 참여했어요. 건설부 과장이 회의를 꾸렸는데 처음에는 자신이 주관하는 듯하더니 저보고 주도해서 하라는 거예요. 자기는 잘 모르겠다고 하면서 말이에요. 실은 그 전에 제가 재무부 국장을 찾아가 몇 번 얘기한 적이 있거든요. 이 차관이 도대체 어떤 성격을 지닌 것인지를 알아야 할 것 아니냐고 말이에요. 실무자에게 차관의 성격이나 내용을 교육시켜 달라고 했죠. 그래야 그 차관이 국익에 도움이 되도록 할 것 아니냐고 말했죠. 기술적으로도 그렇고, 경제적으로도 그렇고요. 그저 일본 사람들이 하자는 대로 하면 안 된다고 했습니다.

당연히 그렇게 해야 하는 거죠.

그렇게 이야기를 했는데 담당자들은 그게 무슨 소리인지를 못 알아듣더라고요. 자기는 그저 어떻게든 실무협의를 마치고 결과를 넘겨주면 그걸로 좋은 거라고 해요. 그러면 제가 회의 때 가서 몇 가지를 이야기하겠다고 했어요. 그래서 실무협의 때 조건을 몇 개 추가로 넣었어요. 우선은 외국 물품을 구매할 때는 한국 업체가 주계약자이거나 외국업체가 주계약자인 경우는 국내업체와 동업을 하는 외국회사를 주계약자로 넣어야 한다고 말이죠.

금'을 운영하여 나이지리아, 인도네시아, 필리핀 등에 지원하고 있다.

❙ OECF 총재를 접견하는 양택식 시장(1973년)

아, 그러면 A/S를 요청하면 언제든지 오겠네요.

그렇죠. 국내회사를 주계약자로 하거나 국내회사와 공동으로 하는 외국업체를 넣자고 했죠. 그랬더니 일본 측에서 펄쩍 뛰는 거예요. 왜냐하면 이제까지는 관례적으로 적당히 일본업체만 넣어놓았거든요. 이번에도 그렇게 하면 될 거라고 생각했거든요.

그때까지 관행이 그랬군요.

제가 따로 일본어 공부를 해서 일본어로 설명을 했습니다. 당신들 나라 나카소네[中曽根] 총리가 이걸 하자고 할 때의 취지는 경제협력이었다. 그런데 왜 우리에게 빚만 지게 만들려고 하냐고 말이죠. 그것부터 시작해서 설명을 했어요. 한참을 말이에요. 그러니까 그 사람들도 제 말이 맞다고 해요. 경제협력이 잘되도록 해야 한다고 말이죠. 그래서 물품 납품은 국내업체가 주계약자이거나, 혹은 외국인이 주계약자인 경우에는 반드시 국내업체와의 동업자로 하도록 해야 한다고 했죠. 그 다음 들어간 조건이 엔지니어링에 관한 것입니다. 그것이 협의의 기본 과제였어요. 그동안은 설계 즉, 엔지니어링은 차관 공여자가 선정한다는 식으로 진행되어 왔거든요.

암묵적이고 관행적인 옵션으로 되어 있었군요.

그렇죠. 그래서 제가 엔지니어링회사도 주계약자가 한국회사이거나 한국회사랑 조인트 50% 지분으로 된 회사여야 한다고 했어요. 그렇게 해야만 설계해 놓은 부분에 분쟁이 생겼을 때 대처를 할 수 있거든요. 그렇지 않으면 그 문제를 누가 해결해 주겠어요? 우리는 외국어가 서툴러서 분쟁 요소를 설명하기가 어려워요. 그러니까 국내업체를 동업으로 붙어서 오라고 한 거예요. 그래야 결국 기술도 우리 것이 되거든요. 예전에 구의정수장 제3공장의 경우에 미국의 BIF라는 회사의 기계를 들어왔거든요. 그런데 석회투입기 장치가 돌아가지 않아서 그 회사 사람들을 불렀는데 몇 달이 지나서 오고, 다시 석 달도 안 됐는데 또 고장이 나고, 나중에는 대응도 안 해주고 그랬어요. 결국 기술원조라고 하면서 기계들만 깔아놓고 도망가버리는 거죠. 기계가 고장 나면 운전을 중단해야 하지만 상수도라는 게 중단할 수 있는 시설이 아니잖아요. 그렇게 몇 달 세워두고 바이패스로 두면 그냥 못 쓰는 기계처럼 되어버리고 말거든요.

위에서 정책 결정을 한번 잘못하면 직원들은 직원대로 고생하고, 돈은 돈대로 날리고, 결국은 우리나라의 기술 발전도 더디게 되는 거네요.

그렇죠. 국가적으로도 큰 손해죠.

사업방식을 변경한다는 건 상사뿐만 아니라 동료 직원들도 싫어하잖아요. 특히 공직자 사회라면 더 그렇고요. 차라리 안 바꾸고 질책 한번 받는 게 낫다고도 생각하거든요. 바꾸었다가 뭐가 잘못되면 책임져야 하니까요.

맞아요. 사실 그게 제일 겁나는 일이죠.

"모험을 하려면 당신 혼자 하시오."라고 하지는 않나요?

하지만 그렇게 바꾸지 않았으면 영영 안 바뀌었겠죠. 가령 그냥 두었으면 우리나라 정수시설은 프랑스 데그레몽사의 상향류식침전지[20]로 다 바뀌었을 거고요. 아까 말했던 환경부 이야기도 그래요. 분명히 급수문제가 생기고 수질문제도 발생해요. 사후시설 관리에도 약점이 있습니다. 제가 환경부에 가서 그 사람들과 몇 번을 토론했어요. 이거는 안 된다. 수질문제, 급수문제가 있으니 안 된다고 했죠. 제가 아예 〈상

20 상향류침전지(上向流式沈澱池, upward flow sedimentation basin)는 상향류식 경사관 침강장치가 설치된 침전지이다. 경사판 및 경사관 내 침적된 슬러지가 탈리(脫離)되기 때문에 별도의 세정 작업이 필요 없다는 장점이 있다.

수도광망 기술진단범위 및 시행방법 등에 관한 고시〉[21]를 만들어 줬어요. 그런데그보다 먼저 〈상수도유수율제고업무처리규정〉[22]이라는 게 있어요. 이게 먼저 있었죠. 이건 2005년에 만든 규정이에요. 이거는 규정이고, 제가 만들어 준 건 고시입니다. 그런데 사실 이 2개가 서로 내용에서 상충해요. 즉 규정은 블록유량계를 달아야 한다는 취지고요. 고시는 블록유량계를 달면 안 된다는 취지입니다.

상반된 거네요. 어쨌든 선입선출의 원칙을 어기면 어딘가에 고여 썩거나, 급수에 문제가 생기는 거네요. 밸브로 막고 블록유량계를 다는 것 자체가 선입선출의 원칙을 거르는 거고요.

맞아요. 대학에서도 그걸 설명하지 않아요. 하지만 설계도면 심사가 들어오면 저는 일단 막히는 데가 있는지부터 봐요. 어쨌든 환경부는 자기네가 정한 대로 하죠. 어쩔 수는 없죠.

21 〈상수도관망의 기술진단 범위 및 시행방법 등에 대한 고시〉는 2007년 1월 22일 환경부고시 제2007-11호로 제정되었다. 모두 9조와 부칙으로 구성되어 있다. 제1조에는 기술진단의 범위 및 대상별 시행방법, 제2조는 용어의 정의, 제3조는 기술진단의 전제조건, 제4조는 기술진단의 주체, 제5조는 기술진단의 대상시설, 제6조는 일반기술진단의 시행방법, 제7조는 일반기술진단 결과, 제8조는 전문기술진단의 시행방법, 제9조는 전문기술진단 결과에 대한 내용으로 구성되어 있다.

22 〈상수도 유수율 제고 업무처리규정〉은 환경부에서 2001년 12월 효율적인 상수도 시설 관리로 유수율을 높이는 것을 목적으로 마련한 규정이다. 이 규정에 따르면 시·군은 5년마다 상수도 관망도 작성, 수도관의 블록시스템 구축, 노후수도관 정비, 부적정 및 노후계량기 교체 및 정비, 유수율 제고 등과 같은 종합계획을 수립하여 환경부 장관의 승인을 받도록 하고 있다.

배수지 건설과 수질 향상

중앙뿐만 아니라 서울시 내부 조직을 설득할 때는 어땠나요? 아까도 시장 방침을 받기 위해 직접 뛰어다니면서 설명했다고 하셨잖아요.

아까 말했던 목동아파트의 직결급수도 원래는 기안을 5급 사무관이 하는 거였어요. 저는 결재자였죠. 하지만 공연히 책임 문제가 나올 수 있으니까 제가 기안자로 한 거였고요.

하지만 목동지구에 왜 지하 저수조가 아니라 배수지를 만들어서 직결급수를 했냐고 다그쳤지만 나중에는 행정 모범사례로 칭찬을 들었던 거네요.

그렇죠.

그런데 생각해 보면 밑에 있는 직원 입장에서는 사실 불안하기도 했을 것 같습니다.

맞아요. 규정이 있으니까요. 아까 말했듯이 당시 모든 아파트에는 지하 저수조를 설치하게 되어 있었거든요. 비상급수 시설이 있어야 했어요. 당시는 비상급수가 중요한 개념이었어요. 그러니까 지하 저수조는 내무부가 관할하는 비상 급수시설이었어요. 반드시 있어야만 했죠. 내무부 규정에 들어있으니까요. 지하 저수조를 설치하지 않는다면 결국 내무부 규정을 어기게 되는 거죠. 세대당 3톤에서 1.5톤으로, 그리고 지금은 0.5톤으로 줄었어요. 비상시 수도 공급이 안 될 때를 대비해 반

ㅣ수도박물관

드시 있어야 하는 거였어요. 직결급수제가 도입되면서 지금은 용도가 바뀌어서 소방용수가 되었죠.

선유정수장 때 수질사고 문제가 있었다고 알고 있습니다. 당시 어떤 문제가 있었나요?

그때는 수질이 문제가 아니었어요. 일단 양을 많이 공급해야 할 때였거든요. 1인당 400L가 목표였던 시기였어요. 당시 긴박했던 급수를 책임졌던 정수시설이 지금의 수도박물관으로 사용되는 뚝도정수장이었어요. 당시 완속여과지 시설은 1만 2,500톤으로 설계했죠. 그러다가 취수와 송수시설을 1만 2,500톤에서 5만 톤으로 늘리게 되었죠.

▎수돗물평가위원회 심포지엄(2018년)

그러면 과부하가 되는 거 아닌가요?

일단 공칭공급량을 늘려야 한다는 거예요. 그런데 여과지라는 게 자연스레 물을 거르면서 빠져야 하는 거예요. 제가 소장으로 가서 보니까 완속여과지에서 물을 처리해서 공급하는데 직원들이 삽으로 모래층을 걷어내는 거예요. 그럼 여과층이 파괴되거든요. 완속여과막이 형성된 것을 1주일마다 긁어내요. 이게 원칙적으로 7~8주에 한 번씩만 표층의 막을 걷어내게 되어 있어요. 그 여과막에서 물을 거르는 거예요.

일종의 필터군요.

거기서 여과를 해야 하는데 그 여과막이 형성되기도 전인데도 긁어내는 거죠. 그래야 물이 잘 빠진다는 거죠. 왜 그러냐고 물었더니 물이 잘 빠지려면 이렇게 해야 한다고 했어요. 몇 사람이 계속 돌아가면서 긁어요. 여과지가 6개니까 매일같이 1개씩 긁어내는 거예요.

그러면 여과가 잘 안 될 것 같은데요.

그렇죠. 그래서 제가 앞으로는 매일 긁어내지 말라고 했어요. 매주 1개씩만 긁어내서 50일 기준으로 유지하라고 했어요. 그랬더니 본부에서 난리가 났어요. 왜 물을 안 보내냐고요. 그래서 제가 말했죠. 여과지 시설이 이거밖에 안 되는데 어떻게 보내냐고 했죠.

여과지는 제한된 상황에서 공급량을 늘리면 그만큼 여과를 못해서 수질이 나빠지는 거네요.

맞아요. 지금 그렇게 여과를 제대로 안 하고 보내면 시민들이 난리가 났을 거예요. 그런데 당시는 물만 나오게 해달라는 했거든요.

일종의 과도기적인 문제라고 할까요? 처음에는 밤이라도 물이 나오게만 해달라, 그다음에는 낮에도 나오게 해달라, 그다음 단계에서는 똑바로 된 물이 나오게 해달라, 이런 식으로 시민들의 요구가 상승하는 과정이라고 할 수 있겠네요. 수질 문제도 그렇고요.

저는 원칙적으로 수질은 유지해야 한다는 입장이었어요. WHO에서 권고하는 수질도 챙겨야겠다고요. 그러니 얼마나 욕을 얻어먹었겠어요.

생각해 보니까 예전에는 수질사고라는 개념도 없던 시절이었죠. 이미 수질사고라는 말이 나온다는 것은 수질을 염두에 두기 시작했다는 방증이니까요. 공급량은 어느 정도 해결이 된 상태가 전제되어야 하겠네요. 선유정수장 일화는 서울의 상수도 발전 과정의 한 단계를 반영했다고 볼 수 있겠네요.

WHO의 권고안을 따라간다는 것 자체가 그런거죠. 그리고 상향류침전방식에서 횡류식으로요. 그게 현실적으로 프랑스 데그레몽사의 방식보다 우리 현실에 적합하다는 판단도 했고요. 우리에게 배수지가 충분하지 않다는 객관적 현실에서 기인한 거죠.

아, 그렇군요. 침전방식 기술 자체의 문제가 아니네요. 기술은 무엇이든 장단점이 있기 마련이니까요. 역시 배수지가 구축되지 않은 게 큰 문제였군요.

그래요. 배수지가 부족하니까요. 가령 어떤 정수장은 하루 20만 톤으로 공칭되어 있는데 그걸 시간 단위로 보면 8,000톤 정도죠. 그걸 시간당 처리할 수 있으면 돼요. 그런데 수요 쪽에서 피크수요 시간에는 2만 톤을 요구하는 거죠. 거기에서 문제가 생기는 거예요. 쉽게 말해서 수요가 있는 곳 근처에 물 창고(배수지)가 있으면 야간과 같이 물 수요가 낮은 시간에 채워 뒀다가 피크시간에 공급하고, 그걸 다시 채우면 되는 거죠. 하지만 당시 우리나라는 그런 배수지 시설이 되어 있지 않았던 거고요.

배수지가 없어서 그런 거네요. 기술의 문제가 아니라 우리 현실의 문제였네요.

우리 처지가 그랬던 거예요.

그럼 프랑스의 데그레몽사의 침전방식은 유럽에서는 많이 쓰이는 기술이었나요?

네, 많이 쓰이죠. 거긴 석회질이 많으니까요. 물론 우리도 쓸 수 있어요. 그런데 조금만 수요의 변동이 있으면 블랭킷Blanket[23]이 다 깨져버리죠. 상향류침전식이니까요. 중간에 슬러지층이 형성되어 적당한 높이로 떠 있는데 그 슬러지층이 깨져버리는 거예요.

정수효과가 떨어지겠네요.

블랭킷이 깨지면 선입선출의 원칙이 깨져요. 블랭킷이 깨지면 슬러지는 바닥으로 가라앉게 되고 정수기능이 없어지는 거지요.

프랑스나 유럽같이 석회질 많은 원수를 사용하는 지역에서는 그런 방식으로 배수지 건설을 많이 했나요?

예, 많이 했어요. 파리에 가면 도시가 중간중간에 배수지가 많아요. 정수장에서는 배수지에만 물을 채워넣고 배수지는 서로 송수관으로 연결되어 있는 거죠. 그러면 배수지 물은 서로 연결된 송수관망을 통해서 공급되는 거죠. 어느 배수지가 고장이 나도 시내 전체에 물을 안정

23 블랭킷은 윗물과 경계를 이루고 있는 현탁입자층(Sludge Blanket)을 의미한다. 상향류침전식은 블랭킷(필터링 매체) 위에 농축된 슬러지와 물질이 침전하도록 하는 방식이다. 하지만, 블랭킷 위에 슬러지가 두꺼워지거나 물질의 수요 변동 등의 이유로 블랭킷이 깨질 수 있다. 즉, 물질의 적정 농도와 균형을 유지하지 못하여 물질이 한쪽으로 집중되는 현상을 블랭킷이 깨지는 것으로 비유하는 것이다. 이러한 블랭킷의 깨짐 현상은 수처리 과정의 안정성과 효율성에 영향을 미칠 수 있다.

적으로 공급할 체제가 갖추어져 있죠. 런던도 그래요. 그러니까 도시를 처음부터 그렇게 만들었으면 괜찮죠.

핵심은 상향류식이든, 횡식이든, 배수지를 늘려야 하는 것은 어차피 해야 할 일이었네요.

그렇죠. 그리고 1980년 이전까지 용역보고서는 정수장 건설을 하면서 주로 그 배수시설을 어떻게 해야 한다는 내용이 메인이었어요. 가령 광암정수장이라면 강동을 거쳐 강남이랑 관악지역 배수에 관한 내용이죠. 계통이 2개인데 하나는 청담배수지고, 또 하나는 우면산배수지거든요. 거기에서 송수관을 통해 다음 펌프장으로 보내는 방식입니다. 펌프장에서 가압을 해서 어느 지역까지 보낸다는 거죠. 그게 일본이나 유럽에서 주로 그렇게 해요.

그런데 그 내용을 보면 다들 서울은 산과 구릉지가 많아 급수여건이 나쁜 도시라고 생각하는 거였죠. 예를 들어 구의정수장을 60만 톤짜리로 증설할 때에도 다들 그랬어요. 저도 정수장 소장으로 처음 와서 수도에 대해 아무것도 모른 상태였잖아요. 그래서 '그런가 보다.'라고 생각했죠. 그런데 아까 말했듯이 과장으로 와서 가만히 생각해 보니 의문이 들더라고요. '서울이 수도 공급에 대단히 나쁜 곳일까? 산과 구릉지가 있어 나쁘다면 그걸 거꾸로 이용할 수 있지 않을까? 높은 곳에 배수지를 만들 수 있다면 오히려 자연유하로 내려보낼 수 있지 않을까?'라고 생각한 거죠.

그걸 수도국장 회의 때 말했어요. 그게 1982년이었어요. 간부들은 그냥 흘려듣더라고요. 왜냐면 배수지를 300~500톤짜리 소형으로 만드는 걸 주관하는 사람들이었거든요. 그러고서 이제 급수 민원을 해결했다고 하는 거죠. 예를 들어 민원이 많았던 구산동도 그런 소규모 배수지를 만들어서 문제를 해결하겠다고 했어요. 그런데 저는 좀 멀리 보고 일을 진행하자고 했죠. 큰 걸 만들자고 했어요. 이전에 구산동에 가면 조그만 물 펌프 돌아가는 소리가 들렸어요. 지금은 다 없어졌죠.

그때까지는 응급처방으로 악성 민원을 해결하는 분위기였던 거네요.

그렇죠. 그런데 그때 마침 대한주택공사가 마들평야 일대에 아파트 건설하려고 할 때였어요. 그래서 아까 말했던 것처럼 제가 구상하던 배수지 10만 톤을 만들자고 했던 거예요. 그거 들어주면 수돗물을 공급해주겠다고 한 겁니다.

기부체납 방식이었나요?

예, 맞아요. 대한주택공사에서도 수돗물 공급 안 해주면 큰일이거든요. 오케이했죠. 10만 톤짜리로 만들어주겠다고 했죠. 그게 월계배수지입니다.

대형배수지를 건설하려면 수도국 예산으로는 불가능한 상황이었던 점도 있었겠네요. 그런데 대규모 프로젝트가 가동되니까 거기에 대형 배수지 옵션을 넣은 거고요.

그런 거죠.

새마을본부도 부지 문제로 찾아갔다고 들었습니다.

그때도 기회를 포착한 거죠. 수도 예산으로는 할 수가 없으니까요. 그래서 배수지 건설을 위해서 새마을본부를 찾아갔던 거죠.

새마을본부에 가서 어떤 협의를 했나요?

우장산배수지 건이었어요. 새마을본부를 찾아갔죠. 그 사람들은 전국에 있는 새마을 직원들을 위한 휴양시설을 우장산 부지에 만들겠다고 했었어요. 그래서 제가 말했죠. 여기 사는 주민들이 좋아하겠냐고 말이에요. 주민들에게도 무언가 혜택이 있어야 한다고 했죠. 그래야 욕을 얻어먹지 않는다고 말이죠. 그때 새마을본부 총무이사한테 회장을 만나서 이야기하자고 했죠.

그때 새마을본부 회장이 당시 대통령의 동생이었던 전경환[24] 씨였죠?

맞아요. 그 사람이었죠. 일단 전경환을 만나서 이야기하자고 했더니 안 된다고 하네요. 그래서 일단 우리 취지를 자세히 설명해줬죠. 그 뒤에 그렇게 해서 새마을본부로부터 오케이를 받아냈죠. 그쪽에서도 이왕이면 빨리해달라고 하더라고요. 우리 입장에서는 설계도 해야 하고

24 전경환(1942~2021)은 경남 합천 출신으로 대한유도학교(현재의 용인대)를 나왔다. 1968년 육군 중위로 예편하였고 1977년 3월부터 1981년 9월까지 대통령 경호실에서 근무했다. 이후 민정당 중앙상임위원, 새마을운동협회 중앙본부 회장 등을 지냈다. 제11·12대 대통령이었던 전두환 씨의 동생이기도 했다. 이후 새마을협회 공금 73억 6,000만 원 횡령을 비롯해 탈세와 이권 개입 등의 죄목으로 1988년 기소되어 이듬해 징역 7년, 벌금 22억 원, 추징금 9억 원의 형이 대법원에서 확정되었다.

우장산배수지 위에 조성된 체육공원

예산도 편성해야 하고 하는데 말이죠. 아무튼 그렇게 해서 우장산배수지는 토지비용 없이 만들게 되었어요.

마포구에 와우산배수지를 만들 때는 시민단체에서 문제를 제기한 적 있다고 하더라고요. 시민단체를 설득하기가 어려웠을 텐데요. 그때는 구청장과 담판을 지었다고 하더라고요.

시민 운동하는 사람들이 배수지는 절대 안 된다고 했죠.

산의 절개면 같은 게 문제가 되었나요?

그런 건 아니었어요. 주택 주변에 배수지를 지으면 환경이 나빠진다고

체육공원으로 새장단된 와우산배수지

하더라고요. 그래서 제가 이야기했죠. 환경이 나빠지지 않고 주위 사람들한테 더 좋은 거라고요. 물 공급도 잘 되고, 배수지 위에 운동장도 만드니까 공원처럼 된다고 설명했죠. 지금 공사 안 하면 나중에는 못 한다. 주민들을 위한 시설이라고 말이죠. 여기 배수지가 없으면 수돗물 공급이 어렵게 된다는 설명도 덧붙였습니다.

어떻게 설득을 했나요?

처음에는 구청 직원들도 반대하더라고요. 결국 노승환[25] 구청장과 이야기를 했어요. 구청장이랑 현장에 함께 나갔어요. 구청장하고 주민들

25 노승환(1927~2014)은 서울 출신으로 건국대 정치외교학과를 나왔다. 1958년 초대 서울시의회 시의원에 당선되었다. 이후 제8·9·10·12·13대 국회의원을 역임하였고 국회부의장을 지냈으며, 민선 제1·2기 마포구청장으로도 활동하였다.

하고 함께 갔죠. 현장에 가서 강하게 설명했죠. 그러니까 구청장이 "아니, 이게 주민들에게 좋은 건데 왜 못하게 반대했냐?"라고 하더라고요. 구청장이 찬성하니까 반대하던 직원들도 바뀌었죠.

배수지를 지하에 만들고 위에는 운동장으로 만드는 방식은 일본 시찰 때 요코하마의 사례를 보시고 착안했다고 하더라고요.

요코하마에 가니까 정수장 위에 야구장이 있더라고요. 그렇다면 배수지 위도 그렇게 만들면 된다고 생각했던 거죠. 구의정수장 위부터 그렇게 바뀌었죠. 구의정수장은 그때 공사 중이었어요. 중간에 설계를 조금 바꿔서 위를 운동장으로 활용할 수 있도록 한 거예요. 그렇게 바꾸니까 비용도 줄어들더라고요. 업자들도 그렇게 하면 좋지요. 그렇게 해서 그 위를 운동장으로 만들었어요. 그다음부터 우장산배수지 설계 심사 때부터는 운동장을 위에 만들라고 했죠. 우장산배수지 설계 심사를 제가 했거든요.

탁도 측정 단위를 통일시키다

관련된 자료를 보니까 탁도 단위가 포마진 산란광 탁도인 'NTU'[26]랑 카올린

26 NTU(Nephelometric Turbidity Unit)는 수질이나 다른 액체의 탁도를 측정하는 데 사용되

(Kaolin) 표준탁도인 'PPM',[27] 이렇게 2가지가 있더라고요. 그런데 예전에는 정수장마다 탁도를 계산하는 방식이 각기 달랐다고 합니다. 일단 포마진으로 측정된 값에 얼마를 곱해서 카올린 탁도를 계산하는 방식이었는데요. 어디는 1.6을 곱하고, 어디는 1.8을 곱했다고 하더라고요. 환경부는 또 다른 방식으로 탁도를 계산하고요.

결국 그만큼 수질관리를 제대로 못했다는 이야기죠. 제가 구의정수장에 있을 때 계산하는 방식이 포마진 탁도계로 측정값에 곱하기 1.6이었어요. 그다음 뚝도정수장을 가니까 측정값에 곱하기 1.8을 했어요. 보광동정수장에 가서 보니 이번에는 측정값에 2.0을 곱하더라고요. 탁도 기준은 수질의 기본지표이고 수질의 기준인데 사람이나 기관마다 다른 것은 말이 안 되는 거죠. 기준을 통일해야 하겠더라고요.

왜 그런 문제가 생겼나요?

당시 수질관리를 하는 직원이 6급이나 7급이었어요. 그 위는 4급 소장이고요. 그런데 소장이 관심을 두지 않아요. 그냥 정수장에 있다가

는 단위이다. 탁도란 물 또는 액체 내에 불투명한 미세 입자가 얼마나 많이 분산되어 있는지를 나타내는 측정값으로, 주로 물의 투명도를 평가하는 데에 활용된다. NTU는 현재 주로 국제표준화기구(ISO)에서 사용되는 단위이다. 수질 측정 및 음용수 품질 평가, 환경 모니터링 등 다양한 분야에서 사용되며, 높은 NTU 값은 물에 더 많은 불투명한 입자가 분산되어 있음을 나타낸다. 일반적으로 NTU 값이 낮을수록 물이 더 깨끗하고 투명하며, 높은 NTU 값은 물이 더 탁한 상태를 의미한다.

27 PPM(Parts Per Million)은 백만분의 1이라는 뜻이다. 농도를 나타낼 때 용액 1kg에 들어있는 용질의 mg수(mg/kg)를 나타낸다. 용액의 밀도가 1kg/L과 근사한 경우에는 용액 1L에 들어있는 용질의 mg수(mg/L)를 나타내기도 한다.

ㅣ수질 측정 모습

1~2년 뒤에는 다른 데로 가면 된다고 생각했거든요.

그때는 사업소장 발령을 퇴직 직전에 많이들 냈죠?

맞아요. 퇴직 직전인 사람이 오거나 이제 막 승진한 사람이 와요. 퇴직하기 직전인 사람은 손은 놓죠. 그리고 이제 막 승진한 사람들은 어디 좋은 데로 가려고 하죠.

오자마자 다른 데 갈 궁리를 하는 거네요. 퇴직할 사람은 어차피 그만두니까 관심도 없고요. 이래저래 수질에는 관심이 없는 거예요.

제가 처음 구의정수장 소장으로 가서 맨홀에도 들어가고 여기저기 다니다 보니까 직원들이 상당히 불편해 하더라고요. 왜냐하면 어차피 조금 있다 다른 데로 갈 사람이 열심히 하니까 말이에요. 그래서 제가 1년쯤 있다가 말했어요. "내가 어디 좋은 데로 가려고 이렇게 하는 게 아니다. 이 일 자체를 열심히 하려는 하는 거다. 여러분도 같이 해 달라."라고 말이죠.

역설이지만 위의 상사가 열심히 일하면 불편한 부하 직원들도 있죠. 직원들도 소장이 맨홀에 들어가는 거 처음 봤겠네요?

그렇죠.

이전까지는 NTU랑 PPM을 혼용했는데요. 단위 통일도 중앙정부가 아니라 서울시에서 먼저 했다고 하더라고요.

공식 사용 단위는 PPM인데 측정기기의 단위는 NUT였으니까요. NUT 단위로 통일한 것은 1992년에 서울시가 먼저 했어요. 환경부는 1998년에 했죠. 지금은 NTU로 통일했어요. 제가 환경부에 가서 얘기했죠. 당시는 보사부죠. 수질계가 있어요. 위생과 소속이었죠. 처음에는 안 된다고 하더라고요. 왜 그러냐고 물으니까 답을 안 해요. 나중에 전해 들은 말인즉, 서울시가 맞기는 맞는데 그걸 들어주면 맨날 서울시에 끌려다니게 된다고 생각했던 거 같아요.

공직사회에서는 그렇게 생각할 수도 있겠네요.

그리고 정수장에서 월말에 수질보고서를 생산부에 보내요. 그런데 단위 통일 여부가 확인이 안 돼요. 그래서 정수장에서 수질 보고를 낼 때 일단 연구소에서 전부 취합하도록 한 뒤에 확인했죠. 처음에 탁도 단위를 NTU로 통일하라고 하니까 전부 반대했어요. 이전까지 쓰던 단위를, 법으로 정해진 거를, 바꿀 수 없다고 해요.

역시 도량형 단위를 바꾸는 것은 큰 문제네요.

그 사람들은 탁도 단위는 이거나 저거나 상관없어요. 법으로 되어 있는 단위를 바꾸는 거 자체가 이상한 거예요. 왜 바꾸냐는 거죠.

그러면 포마진인 NUT와 카올린인 PPM 중에서 포마진인 NUT를 기준으로 하는 게 실제 탁도를 재는 데 더 정확하다는 거죠?

실제 탁도에 더 가깝지요. 그러면 그 단위를 쓰는 게 맞죠. 다른 걸 쓰면 되겠냐는 거죠.

학계에서는 NTU를 쓰고 있었나요? NTU가 더 적합하다는 걸 알고 있었나요?

학계에서도 몰랐어요. 왜냐하면 교수들이 그걸 알았다면 "내가 그걸 고쳤다."라고 하면서 엄청나게 난리를 쳤을 거예요.

그렇겠네요.

그 당시 몇몇 교수들이랑 수질문제로 저하고 많이 싸웠어요. 어떤 교수는 저한테 혼나기도 했어요. 하여간 수질 관련해 나한테 혼난 교수들이 좀 있어요.

누수 탐지와 유수율 상승

이번에는 누수에 대해서 질문을 드릴게요. 간단하게 생각하면 밸브를 달아서 그 수량을 빼면 그만큼이 누수된 양이라고 할 수 있지 않나요?

실제로는 그렇게 계측되지 않아요. 왜냐하면 이걸 전문적으로 들여다봐야 하거든요. 언뜻 보면 '1+1=2'라고 할 수 있죠. 하지만 실제 사용시간대를 어떻게 측정할 것인지, 지반으로 새는 게 얼마큼인지 등등, 고려해야 할 것이 많아요. 그래서 허용누수량을 생각해야 해요. 어차피 배관을 놓고 보면 얼마나 누수가 되느냐를 측정해서 그 이하가 되면 그냥 인정하고 넘어간다는 거죠. 지하매설 배관에는 항상 누수가 생기기 마련이거든요. 완전히 잡겠다는 것은 불가능해요. 왜냐면 지상으로 자동차가 다니면서 쿵쿵 누르고 하면 조금씩 배관이 이완되거든요. 그걸 100% 완벽히 잡을 수는 없어요.

어차피 현장에서 어느 정도 누수는 일어난다는 거네요.

그런데 거기에 유량계를 달면 누수량을 정확히 측정할 수 있냐고 하면 그건 또 아니거든요. 가령 이쪽에서 계량된 것이 100이고, 저쪽에서 계량된 것이 110이라면 누수가 10만큼 된 거잖아요. 그런데 모든 계량기에는 허용치, 그러니까 공차가 있어요. ±5% 정도요. 그러면 100으로 계량되었다고 해도 실제로는 105가 될 수 있는 거죠. 110으로 계량되었다고 해도 -5를 해서 양쪽이 모두 105가 되었다고 보면 누수가 없다

❙ 지하에서 누수를 탐지하는 모습

고 할 수도 있어요. 실제는 누수량이 10인데 누수가 없다고 기록할 수 있는 거죠. 의도적으로 그렇게 하는 것도 가능해요.

이전에는 단순하게 생각한 거네요. 밸브로 정수장에서 나가 양을 체크하고, 집에 들어온 양을 체크하면 중간에 빈 양이 누수량이라는 거였네요. 그런데 선생님 주장은 그게 아니라는 거고요. 오차범위도 있다는 거고요.

그렇죠. 그래서 밸브를 다 열어놓고 구획을 20~30개로 나눠서 1년에 400개씩 5년 동안 체크하는 편이 더 효과적이에요. 일은 그렇게 고지식하게 하는 겁니다. 서울시의 유수율 실적에서 변곡점이 왜 생겼는지를 이해해야 합니다.

이제는 애초 공급하고자 한 목표량이 집까지 잘 도달하는 걸로 알고 있습니다. 그리고 정수장을 예전처럼 많이 돌리지 않고 정수장 물만 잘 관리해도 공급에 문제가 없다고 하고요.

수요가 줄어든 것처럼 보이는 거죠. 누수가 줄어들었으니까요. 실제로는 누수를 잡은 거니까요. 원래 여름에는 최대 575만 톤 정도까지를 공급했어요. 그런데 이제는 어차피 시민들이 이용하는 물이 360만 톤 정도밖에 안 되거든요. 지금도 그래요.

많이 줄어들었네요.

그래요. 실제 사용하는 양은 320만 톤에서 350만 톤 사이쯤 될 거예요. 그런데 과거에 많이 공급할 때는 575만 톤까지 공급했던 거예요. 그러니 나머지 220~230만 톤은 누수였던 거예요. 그걸 잡아내니까 공급량이 줄었던 거고요. 정수장이 그래서 남아돌게 되었죠. 폐쇄해야죠. 하수처리장도 마찬가지죠. 누수된 양이 그동안은 하수량으로 잡혔거든요.

아, 그러네요. 누수된 물도 하수로 흘러나오겠네요.

맞아요. 원래는 중랑하수처리장을 30만 톤 더 증설하기로 했거든요. 거기 소장이 상수도에 같이 종사했던 김대환 씨였어요. 그래서 제가 말했어요. 생하수生下水(raw sewage)가 줄었는데 왜 증설을 하냐고 말이죠. 그래서 김 소장이 생하수 유입량을 측정한 다음에 30만 톤 증설은 안 해도 된다고 보고를 올렸대요.

❙ 중랑물재생센터

누수를 잡으니 하수 발생량도 줄어드는 거네요.

그렇죠.

이번에는 회계 부문을 여쭤볼게요. 자료를 보니까 정수비와 배급수비가 많이 들어가더라고요.

정수비는 유지관리비가 다 포함이 되요. 배급수비는 노후관 개량까지 들어가죠. 또 거기에는 가압장의 펌프 비용과 직원 월급까지 포함되죠.

정수비는 그저 약품처리비 정도만 떠올렸는데 의외로 많이 들어가네요.

동력비가 많아요. 송수펌프로 가압해야죠, 정수펌프 운용비, 약품비 등등, 많이 들어가죠. 약품비 중에는 정수를 위해 쓰는 응집제, 그리고 소독용 염소가 제일 크지요. 원수 구입비는 한국수자원공사에 주도록 되어 있고요. 한강에서 취수하는 비용을 내라고 하는 거예요. 예전에는 안 냈는데 지금은 내고 있어요. 배급수비 안에는 동력비도 있네요. 배급수 시설의 가압장의 경우에는 동력이 필요하죠. 배수지로 물을 퍼 올리거든죠. 제가 있을 때는 거의 수입과 지출을 맞도록 했어요. 퇴직할 때쯤 해서 유수율이 올라가니까 필요 없는 정수장을 정리했죠. 그러면서 그쪽에서는 수입이 생겼어요. 그거 말고 연구개발비 항목도 있어요. 연구소 운영비죠.

그리고 제가 과장으로 가서는 약품 구매 자체를 조달청에서 구매하는 방식으로 돌렸어요. 정수약품과 염소소독제 같은 것들이죠. 소규모 수의계약을 못 하게 했죠. 사람들이 중간에서 장난을 칠 수 있거든요. 우리는 청구만 하도록 했죠. 그런데 조달청에서 서울시만은 안 해주겠다고 해서 다른 도시 3곳이랑 함께 구매하는 방식으로 바꿨죠.

급수계량기도 만드는 회사는 정해져 있나요?

만드는 회사는 여러 곳이 있어요. 공개입찰을 해요. 그것도 마찬가지로 조달청에서 입찰을 통해 처리했죠. 우린 그걸 받아서 쓰기만 하면 되고요. 6년인가, 8년인가, 주기적으로 한 번씩은 무조건 업체를 교체하도록 했죠. 어쨌든 유수율이 올라가니 상수도에는 수익이 발생했어요. 제가 떠나고 2년쯤 지나니까 고도정수처리시설 확충을 많이 하더군요. 돈이 남으니 가능한 일이었죠.

공급량은 비슷하지만 땅 밑으로 새는 물을 잡았기 때문에 가능한 거네요. 새는

Ⅰ 유수율을 높이기 위한 정책세미나(2006년)

물을 잡으면서 수익으로 연결된 것이고요. 누수검사를 일일이 했던 효과를 본 거네요.

1998년도에 유수율이 64%였는데, 다음 해에는 68%, 또 그다음은 71%, 이렇게 올랐습니다. 지금은 95%로 올라갔죠. 유수율이 올라가니 공급량을 줄여도 괜찮은 거였죠. 그러면서 아까 말했듯이 정수장 몇 개를 폐쇄했던 거고요.

어떻게 작업을 했나요?

당시 유수율 향상을 위해 소블록을 만들고 사업소 1개 팀에서 1년에 6개 블록씩 작업을 하라고 했죠. 사업소에 7개 팀이 있었거든요. 1년에 3개 사업소에서 42블록을 할 수 있죠. 11개 사업소가 있으니까 1년이면 400개 정도를 할 수 있는 거에요. 서울이 모두 2,038개 블록이거든

▎수도박물관 내부에 전시된 옛 기계설비들

요. 5년이면 하겠더라고요. 제가 1998년부터 시작했으니 퇴직해도 진행이 되도록 했죠. 그렇게 해서 유수율이 올라간 겁니다. 이 과업을 직접 직원들과 함께 준비해서 했어요. 용역을 주면 먼저 업자에게 취지를 설명해 줘야 해요. 그게 또 시간이 걸려요. 또 일이 제 손을 떠나면 간섭할 수도 없고요. 결국 일이 안 돼요. 그때 고생한 직원들은 지식이 쌓았죠. 그래서 서울시를 나가서도 자신감을 가지고 다른 회사에 가서 일해요. 그전까지는 수도 공무원들을 무능하게 봤죠. 그런데 인식이 바뀌었죠.

뚝도정수장을 수도박물관으로 만드는 일도 주도하신 걸로 알고 있습니다.

그때 문화재과장이 강석근 씨였어요. 제가 문화재과에 전화를 했어요. 문화재과 자문위원들에게 연혁과 의미를 설명했죠. 덕분에 서울시 유형문화재로 지정이 됐어요.

일제강점기 때 쓰던 펌프가 지금도 있다고 하더라고요.

뚝도정수장 취수펌브실의 배수 펌프랑 드레인 펌프가 있어요. 히타치[日立][28] 회사 거예요. 그리고 구의정수장에 있던 메이덴[明電][29] 회사의 여과지 역세척 펌프를 가져다 전시해 놓았죠. 그게 1936년에 생산된 거였어요.

나중에 메이덴 회사 사람들이 와서 욕심을 냈다고 하더라고요.

제가 구의정수장에서 소장으로 있을 때 메이덴 사람들이 왔어요. 그거 보고는 가져가고 싶다고 했죠. 자기네 회사에는 이제 그 시기 제품이 없답니다.

수도보급률 증가와 서울 상수도의 변천

이번에는 다시 1970년대에 관한 질문을 드릴게요. 당시에 절대공급량을 400L로 산정했는데요. 어떻게 계산한 건가요?

외국에서 그렇게 하니까 최소한 그 정도는 따라가야 하지 않겠냐고 했던 거였어요.

28 히타치[日立]는 1910년 일본 이바라키[茨城]현에서 설립된 전기·전자·중공업·기계·IT 관련 업체이다. 2022년 현재 770개의 계열사 및 자회사로 구성되어 있다. 이는 소니(SONY)에 이어 일본 내 2위의 규모이다.

29 메이덴샤[明電舍]는 1897년 일본 도쿄에서 설립된 전기·전자 설비 관련 업체이다. 각종 전기·전자 장비를 비롯해 전기자동차에 들어가는 엔진 및 부품 등을 개발·제조하고 있다.

자료를 보니까 서양도 도시마다 각각 다르더라고요. 1960년대 후반 자료를 보니까 다들 다릅니다. 런던을 보면 그렇게 양이 많지 않아요. 227L니까요. 다른 유럽 도시를 보면 스톡홀름은 430L이고, 파리는 444L, 그리고 로마가 443L인데요. 또 오스트리아 빈은 300L고요.

런던은 물을 아끼는 도시라고 들었어요. 선유도정수장 소장을 했던 친구가 런던에 유학을 갔어요. 거기서 물을 흘리면서 세차를 하고 있는데 한 주민이 와서 "당신, 외국인이고 처음이니까 그냥 경고만 하는데 앞으로 이렇게 물 흘리면서 세차하면 고발하겠다."라고 했대요. 절수를 안 했다고요.

런던의 경우에는 문화적 배경도 있나 보네요.

숫자가 높은 경우에는 수도 이외에 다른 용도로 사용하는 경우가 많을 겁니다. 유럽에서는 마시는 물은 수도가 아니거든요.

아, 그러네요. 유럽에서는 생수를 먹죠. 그런데 미국 쪽은 또 다릅니다. 자료를 보니까 필라델피아는 640L, 볼티모어는 630L, 시카고는 824L로 나오고요.

거기는 바로 옆에 미시건 호수가 있죠.

우리나라를 보면 1970년에 서울의 물 공급량 235L로 나옵니다. 아무래도 확실히 부족했다고 할 수 있겠습니다.

그저 세수하는 정도죠. 목욕할 정도는 못 되죠. 지금 같으면 언제든지 샤워를 하잖아요. 당시에 산동네에서는 물이 잘 안 나오고 그랬죠.

수도행정 자문회의(1975년)

당시 수도가 들어가지 않은 지역도 많았죠?

당시 보급률이 80~85% 정도였을 겁니다. 그러다가 1974년쯤에는 90% 가까이 올라요. 그게 바로 구의정수장 확장 덕분이죠.

공급시설을 늘린 덕분이었네요.

또 1978년에 구의정수장 60만 톤을 확장했어요. 수도 보급이 상당히 늘어났죠.

1인당 급수량도 1970년도 234L에서 1974년에는 304L로 늘어나더라고요. 구의정수장 확장공사는 결국 물의 공급량에 있어 혁혁한 공을 세웠다고 볼 수 있겠네요. 선유정수장도 그렇고요.

선유정수장은 20만 톤 2개 규모였어요. 당시만 해도 서울시는 어딘가에 정수장을 계속 만들어서 공급해야 했어요. 사실 그 전에 광암정수장을 먼저 착공했거든요. 그런데 그건 100만 톤 짜리였어요. 덕분에 1979년이 되어서야 완공할 수 있었어요. 한참 걸렸죠. 그래서 선유도에 급하게 정수장을 건설하게 되었죠. 예를 들어 연희동 쪽을 공급해야 하는데 광암에서 물이 가기에는 거리가 멀거든요. 그래서 선유정수장을 먼저 건설한 거죠. 건설하면서 광암도 계속 만들었고요.

그렇게 해서 정수장을 늘린 결과가 수도보급률과 1인당 물 공급량이 늘어난 계기가 되었다고 볼 수 있네요.

그랬던 거죠.

이번에는 1980년대로 가보도록 하겠습니다. 1982년에 나온 의과대학 논문을 보니까 투석환자가 투석기에 서울시 수돗물을 썼더니 그 안의 알루미늄 수치가 높아 증상 악화의 원인이 되었다고 하더라고요. 지금 생각해 보면 환자가 아니라고 해도 집에 갓난아기가 있으면 정수기나 같은 걸 달아서 쓰잖아요. 하물며 환자인데 수돗물을 사용해서 증상이 악화되었다고 말하는 건 이해가 되지는 않는데요. 당시에는 반향이 꽤 있었나 봅니다. 실제 알루미늄 수치가 얼마였는지는 차치하더라도 1970년대까지는 어떻게 하면 물의 공급량을 늘릴 것인가가 관심사였는데 1980년대부터는 물의 질을 논의하기 시작했던 것 같습니다.

맞아요. 이전에는 물만 나오면 고맙다고 하던 시절이었죠. 잘못된 게

서울시 수질향상을 위한 토론회(1990년)

아니죠. 발전하는 과정이지요.

직결급수를 하더라도 목동 같은 대규모 주택단지나 아파트는 괜찮겠지만 단독 주택이라면 얘기가 다를 것 같습니다. 큰 관으로 물이 오다가 가옥 내의 배관이 노후된 경우는 뭐가 섞여 들어갈 수 있지 않을까요?

단독주택이나 빌라 건물의 경우에는 예전에는 노란 물탱크가 많이 있었죠. 지금은 그게 다 없어졌죠. 직결급수가 되니까 물탱크가 필요 없어졌죠. 노란 물탱크가 없어진다는 건 수요가 입장에서 본다면 충분하고 안정적으로 수돗물이 공급된다는 거예요. 수질도 믿을 수 있다는 거고요. 물론 공급하는 쪽도 수량이나 수질을 잘 관리해야 하고요. 어쨌든 노란 물탱크가 없어진다는 것은 수요가들이 수도를 신뢰한다는 의미라고 봅니다.

단독주택의 옥내 노후관은 가옥주가 바꾸겠다고 해야 바꿀 수 있죠?

그렇죠. 대신에 옥내 배관 개량의 경우 시 예산으로 일부 지원하고 있죠.

예산이 꽤 들어가죠? 엄밀히 말하면 안 해줘도 되는 거죠? 개인재산이고 자신의 배관이 녹이 슬어 녹물을 먹으면 자기 책임인 거잖아요. 자본주의 원리로 보면요.

공공서비스 차원에서 지원하는 거죠. 기껏 집 앞까지 맑은 물이 왔는데 녹물을 먹으면 안 되니까 지원을 하는 거죠.

전문적인 기술행정의 어려움과 서울시 상수도 행정구조의 한계

서울시 상하수국 1989년도 2월 현재 자문위촉 현황을 보니까 위원장에는 정규영 신우엔지니어링 회장이 되셨네요. 이분이 서울시 수도국장을 하시던 분이죠? 학술논문도 많이 쓰셨더군요. 어떤 분인가요?

책도 쓰셨죠. 수도에 관해 잘 아는 분이죠. 우리나라에서 탑클래스였어요. 대규모 프로젝트를 실제로 추진하고 관리해 봤던 분이었어요. 퇴직 전후로 해서 여러 회사에서 서로 모셔가려고 했고요. 학교에서 강의도 많이 했어요.

그런데 다른 자문위원들을 보면 소아과 병원장도 계시고, 대학교 교수님도 계시고, 연식정구협회장도 계시고요.

그분들은 소비자로서 수도국에 의견을 말씀해 달라고 해서 자문위원으로 위촉했던 거예요.

소아과병원장의 경우 수돗물이 아이들에게 미치는 영향에 대해서 체크하는 역할도 했겠네요.

그렇죠.

어떤 위원회는 시청의 정규조직처럼 움직이기도 하지만 어떤 곳은 실체가 없는 곳도 많잖아요. 무슨 친목회처럼 운영되기도 하고요. 상수도 쪽의 위원회는 어떤가요? 일률적으로 말하기는 어렵겠지만요.

제가 상수도본부 차장으로 와서 보니 설계가 잘못된 게 있어서 공사를 중지시키려고 했어요. 일단 위원회에서 자문을 받자고 했어요. 교수들을 불러서 이야기를 듣는 거죠. 1994년이었어요. 강북정수장 설계에 대한 검토였거든요. 관로가 1개로 들어올 것을 6개로 나누어 들어오게 설계했거든요. 약품도 각각 1/6씩 나누어 주입하도록 되어 있었어요. 하지만 약품을 1/6씩 나누어 넣을 수 있는 방법도 마땅치 않았어요. 그런데 마치 설명처럼 나누어지고 분배되어 혼합이 잘 될 것처럼 그렇게 설계해 놓았더라고요. 그래서 약품을 한 군데로 넣도록 해야겠더라고요. 그래서 위원회한테 자문을 구하니까 실험을 해봐야 한다고 하네요.

실험을 하면 시간이 많이 걸릴 것 같은데요.

실험을 하면 1년 반이 걸린다고 해요. 자문위원들에게 물어봐서 해결할 일이 아닌 거죠. 결국 제 판단대로 약품을 한 군데로 해서 주입하도록 했어요.

상수도 같은 경우는 완전히 전문영역이잖아요. 기술관료가 아닌 이상 일반 행정관료들은 잘 모를 것 같아요. 그러면 엉뚱한 이야기를 한다거나, 맥락을 잘못 짚거나, 아니면 처음부터 이해하지 못하거나 하는 일이 있을 것 같습니다.

본부장들이 처음 와서 용어 자체를 이해하지 못하는 경우가 많아요. 그걸 설명하려면 참 힘들어요. 시간이 걸려요. 용어를 이해할 만큼 되면 또 다른 데로 가요. 업무 자체를 이해하지도 못하고 떠나는 거예요. 그러면 그게 계속 되풀이가 되죠.

장기적인 안목으로 일하기가 힘들겠네요.

중앙정부의 경우 환경부에서는 기술관료도 2급이면 직종에 상관없이 발령을 내죠. 기술관료도 차관이나 장관을 해요. 그런데 서울시는 좀처럼 변하지 않아요. 일화가 있어요. 수도사업소 업무 중에는 수도요금 징수업무와 배급수 업무가 있어요. 수도요금 받는 거는 행정업무이지만 배급수 업무는 기술업무이죠. 그러니까 4급 수도사업소장은 행정서기관도 갈 수 있지만 기술서기관도 갈 수 있도록 하자고 제가 설명을 한 적이 있어요. 당시 상수도사업본부장이었던 박종옥 본부장에게 제가 직접 설명을 했어요. 일단 합의를 했죠. 그걸 인사위원회로 회부했는데 행정직 국장들이 펄펄 뛰는 거예요. 결국 관철시키지를 못했어요. 상수도본부 내에서 합의한 후에 제출했는데도 안 되더라고요. 기술직 4급 서기관 자리 하나를 못 내주겠다는 거죠. 그러니 본부장 같은 수장 자리는 더 말할 것도 없죠.

상수도사업본부 발족 당시 수도를 지방공기업 공사체제로 이행하려는 움직임이 있었다고 합니다.

상수도사업본부를 만들기 전에 중앙의 건설부에서 수도를 일괄적으로 수자원공사에서 관리하도록 할 생각이었어요.

중앙에 수자원공사가 있고, 각 지자체 수도국이 지사가 되는 거네요.

맞아요. 그렇게 만들려고 했어요. 건설협회에서 세미나도 하고 했죠. 물론 저도 갔죠. 저는 가서 그렇게 해서는 안 된다고 했죠. 서울에 있는 사람이 부산에 가서 할 수 있는 일이 아니거든요. 서로의 전문성도 떨어지고요. 서울에 있는 사람을 부산으로 발령 내면 결국 그만두라는 것이거든요. 여기에는 지역적인 특성도 있으니까요. 그래서 안된다고 얘기했어요. 정부에서 결국 그 대신에 각 지자체별로 사업본부를 만들도록 한 거죠. 나중에는 내무부에 있던 분이 이야기하는데 자기들도 잘 몰라서 그렇게 일을 진행했다고 했대요. 그분이 나중에는 환경부 장관도 했어요. 제가 가서 한참 이야기했거든요. 결국에는 안 하는 쪽으로 결정했죠. 당시 건설부에서 그랬대요. 타이완에서는 중앙이랑 지사 체제로 가고 있는데 우리도 그렇게 하면 안 되겠냐고 묻더라고요.

타이완은 우리보다 땅 크기가 작잖아요.

맞아요. 타이완은 우리 경상도 정도죠. 그것도 타이베이랑 다른 하나랑 체제가 나누어져 있죠. 2개의 체제로 되어 있죠. 그런데 우리나라는 타이완보다 크잖아요. 그걸 하나의 체제로 만들려는 것은 안 된다고 했죠. 총리실에서 그 의견을 받아들였죠. 그래서 지금처럼 본부 체제로 가게 된 거죠.

사업본부가 되고 나서 조직문화의 변화가 있었나요?

별로요. 제가 차장으로 가서는 일반설계용역 이외에는 외부용역을 줄이려고 했어요. 외부용역을 주면 그 목적을 이룰 수 없는 일들이 많았거든요. 관망정비, 유수율 향상, 배관망도 작성 등이 그래요. 우리 직원들이 더 잘할 수 있는 일이었어요.

외부 기업에 용역을 주면 더 효율적인 면도 있지 않나요?

직원들이 배관망도를 만드는 걸 용역을 주자고 했어요. 그래서 제가 물었죠. 용역을 주는 건 맞는데, 서울시 배관망도를, 특히 사업소 배관망도를 가장 잘 아는 회사나 사람이 누구냐고 물었죠. 다들 한참 있다가 자기들이라고 하더라고요. 이 분야는 외부 회사들보다 직원들이 더 잘 알아요. 어떤 과업을 외주용역으로 수행할 때에는 먼저 거액의 예산을 편성해야 하고 예산편성권을 가진 분들의 이해를 받아야 합니다. 용역을 발주하는 과정은 많은 시간과 비용이 들어가죠. 추진하더라도 의도만큼 만족스러운 결과를 도출하기가 어려워요. 특히 감독하는 지원이나 조직의 중간간부들이 업무내용을 본인이 의도했던 바와 일치하고 정통해야 합니다. 그러지 못하거나 용역업자가 업무내용을 의도와 다르게 이해하는 경우에는 성과를 기대하기가 어렵습니다. 앞에서 설명했던 대형배수지 건설에서도 처음에는 예산편성이 어려웠던 기억이 있었죠. 용역으로 발주되고 나면 본인의 손을 떠나는 겁니다. 다른 방향으로 가더라도 되돌리기가 힘들지요.

네, 오랜 시간 면담해 주셔서 감사합니다. 인터뷰는 이것으로 마치겠습니다.

제일 안전한 물은 아리수예요

면 담 자　이연식(일본 소피아대 외국인연구원)
면담주제　서울시정과 공무원들(상하수/방재)
면담일시　2020년 8월 20일(1차)·2020년 11월 2일(2차)
면담장소　서울시 서초구 서초동 아르고연구소(1차)·(2차)

진익철

1951년 경상남도 울산 출생

1979년 행정고시 합격

1981년 건국대학교 졸업

1989년 서울시 상수도국 업무계장

1995년 서울시 내무국 총무과장

1998년 베이징 서울문화무역관장

2001년 서울시 공보관

2003년 서울시 환경국 국장

2005년 미국 콜롬비아대학 Apee연구소 fellowship

2008년 서울시 상수도사업본부장

2010년 서초구청장

행정고시 합격 후 서울시장을 보좌

이번 시간은 이번 면담은 '서울의 상하수도와 공무원들'이라는 주제로 실시하는 서울역사편찬원의 구술 채록입니다. 오늘은 진익철 선생님을 모셨습니다. 선생님께서는 1979년 행정고시를 보시고 총무처와 대통령 비서실을 비롯해 서울시 상하수도국 업무계장, 공보관, 환경국 국장, 그리고 2008년에는 상수도본부 본부장을 지내셨습니다. 이후 2010년에는 민선 서초구청장을 지내셨습니다. 우선 처음 공직생활을 시작하셨을 당시에 대해서 말씀 부탁드리겠습니다.

제가 1979년도에 행시 제23회에 합격하고 1980년도부터 수습사무관을 합니다. 대전의 중앙공무원연수원에서 연수를 받고 바로 경상남도 도청에서 수습으로 가게 되었죠. 그리고 일선 기관에서 근무할 필요가 있다고 해서 울산군청에서 수습을 하고, 끝난 뒤에 희망부처 신청을 했죠. 그때 저는 서울시로 신청했어요. 그래서 동작구청으로 가게 되었어요. 거기서 위생과장, 환경과장 등을 하다가 서울시 본청으로 오게 되었죠.

동장구청에서 일할 때에는 어떤 일이 있었나요?

그때 동작구 위생과장 할 때는 이른바 '변태업소'라는 게 있었어요. 일반음식점을 하기로 해놓고 유흥음식점을 하는 경우가 그런 거였죠. 행

| 동작구청을 방문한 염보현 시장(1987년)

정처분으로 단전이나 단수조치를 아무리 강하게 해도 몰래 영업을 계속하곤 했어요. 그렇게 단속을 하니까 투서가 들어가더라고요. 제가 돈 받아먹고 변태업소를 봐주고 있다고요. 염보현 시장[1]한테 직접 투서가 들어갔어요.

1 염보현(1932~2021)은 제20대 서울특별시장으로 재임기간은 1983년 10월 15일부터 1987년 12월 29일까지이다. 서울시장 이전에는 치안본부 본부장과 경기도지사를 지냈다. 서울시장 재임기간 동안 지하철 2·3·4호선 완공과 한강종합개발, 목동신시가지 건설 등이 이루어졌다. 또한 올림픽조직위원회 부회장을 겸하면서 88서울올림픽 개최를 위한 각종 준비 작업을 맡았다.

단속을 못하게 하려고 거짓 투서를 했나 보네요.

그런 거 같아요. 일단 염보현 시장이 감사과장을 시켜 제 뒤를 조사했죠. 그래보니까 투서 내용과는 너무도 다르게 원리원칙대로 청렴하게 했다고 보고를 올렸대요. 덕분에 저를 본청의 법무과 법제계장으로 발령을 내더라고요. 그렇게 법제계장을 얼마 안 했는데 시장이 "요즘 저렇게 청렴한 공무원이 없다."라고 해서 수행비서관으로 발탁해요. 덕분에 인사권자 바로 옆에서 근무하게 되었죠. 그 후로 염보현 시장, 김용래 시장,[2] 고건 시장[3] 때 수행비서관을 하게 되었죠.

전화위복이었네요. 그다음에는 어디로 가셨나요?

먼저 상수도국 업무과의 업무계장을 했어요. 지금의 상수도사업본부가 발족하기 전이었죠. 거기서 업무계장을 하다가 6개월 만에 승진해

---

2 김용래(1934~2009)는 제21대 서울시장으로 재임기간은 1987년 12월 30일부터 1988년 12월 29일까지였다. 청와대 비서관과 경기도지사를 거쳐 서울시장이 되었다. 88서울올림픽 개최 당시 서울시장이었다. 이후 총무처 장관, 덕성여대 총장, 한국학중앙연구원 이사장을 역임하였다.

3 고건은 1988년 제22대 서울시장(관선)과 1998년 제31대 서울시장(민선)을 역임하였다. 재임기간은 1988년 12월 5일부터 1990년 12월 26일까지, 그리고 1998년 7월 1일부터 2002년 6월 30일까지였다. 전라남도지사, 대통령비서실 정무수석비서관, 교통부장관, 농수산부장관과 내무부장관을 지냈다. 1988년 서울시장에 임명되고 시정방침을 시민을 위한 '생활행정', 시민과 함께하는 '참여행정', 깨끗한 '공개행정'으로 정하고 시정을 추진하였다. 제2기 지하철 건설 및 내부순환도로, 북부간선도로 등 도시고속도로 착공과 빗물펌프장 확충 및 정비, 제방 축조 등 항구적인 수방대책 수립이 이루어졌다. 이후 김영삼 정부에서 국무총리를 지낸 뒤 제2기 민선 서울시장에 당선되어 2002년까지 역임하였다. 민원처리 온라인공개와 청렴계약옴부즈만, 전자수의계약 등을 추진하였다. 이후 2003년 노무현 정부 초대 국무총리에 임명되었고, 2004년 노무현 대통령 탄핵 사태로 대통령 권한대행직을 수행하였다.

| 현재의 상수도사업본부 건물 자리에 있었던 서울시청 제1별관 건물(1978년)

서 서기관이 되었죠. 당시 서기관으로 21명이 발령받았는데 저는 법무담당관으로 발령이 났어요. 그래서 법무담당관을 4년 정도를 했죠. 그게 1989~1993년 사이였어요.

법무담당관으로 계셨을 때 일화는 없나요?

당시에 서울시에서 난지도 쓰레기 처리공장을 120억 원을 들여서 지었어요. 쓰레기를 투입하면 원래 말똥 같은 연료가 나오도록 한 시설이었죠. 그런데 이건 오히려 쓰레기를 계속 만들어내더라고요. 연료가 나오는 게 아니라 오히려 쓰레기가 더 나와요. 현대건설과 턴키베이스 방식turnkeybase으로 계약해서 지었거든요. 그래서 현대건설과 소송을 했지요. 그런데 제가 오기 전까지는 2심까지 계속 졌어요. 대법원으로 갔을 때 제가 법무담당관이 된 거였어요. 그때 현대건설에서는 쓰레기 특징이 어떻고, 네덜란드 쓰레기와 서울 쓰레기가 달라서 그렇다고 하더라고요. 혹은 음식쓰레기가 많아서 그렇다고도 해요. 뭐 말이 안 되는 소리를 하더라고요. 그래서 제가 일제시기 판례까지 다 찾아서 제시했어요. 턴키베이스라면 현대건설이 잘못한 것이라고 말이죠. 덕분에 대법원에서 완승 판결을 받아냈어요.[4]

다행이네요.

당시 120억 원이면 지금 화폐 가치로 동그라미 하나가 더 붙는 금액이죠. 그걸 되찾아 왔어요.

---

4 1983년 12월 서울시는 쓰레기를 위생적으로 처리하고 도시환경을 쾌적하게 조성한다는 목표로 난지도 쓰레기 처리공장을 건설하기로 결정하였다. 총 82억 원의 공사비를 책정하였고, 현대건설을 시공자로 선정하여 1988년 6월 완공했다. 그러나 쓰레기의 분리 공정이 설계와 달랐고, 잦은 기계 결함까지 겹쳐 3년 동안 가동하지 못하고 일부 건물을 창고로 쓰고 있었다. 당초 설계는 쓰레기를 선별해 깡통 등 재활용이 가능한 것과 음식물 찌꺼기와 같이 썩혀서 퇴비로 할 수 있는 것은 골라내 처리하고, 종이나 비닐 등 나머지는 분쇄한 뒤 열처리를 거쳐 고체 연료를 만든다는 것이었다. 그런데 공사가 시작된 지 2개월 만인 1984년 1월 공장의 상세 설계를 맡은 덴마크의 크루거사(I. KRUGER)가 서울시에서 수거되는 쓰레기 성분에 대해 공식적인 이의를 제기하였고, 설계 전체를 변경할 것을 요구해왔다. 그러나 서울시와 현대 측은 개선책을 마련하지 않은 채 공사를 강행하였고, 완공된 공장은 제대로 가동되지 못하게 되었다. 결국 서울시는 현대건설을 상대로 법정 소송을 제기하였고, 1994년 대법원은 현대건설이 서울시에게 47억 원을 지급할 것을 최종적으로 결정하였다.

❙ 난지도 쓰레기처리공장(1986년)

❙ 난지도에 조성된 월드컵공원 조감도

1995년에는 총무과장을 하셨는데요. 그때가 삼풍백화점이 무너졌을 시기였던 걸로 알고 있습니다.

삼풍백화점 무너졌을 때는 최병렬 시장기[5]였어요. 제가 총무과장 할 때입니다. 1995년 6월 29일에 삼풍백화점이 무너졌어요. 그날 오후 6시쯤 세종문화회관에서 최병렬 시장 이임식을 하느라 제가 마이크를 잡고 안내를 하고 있었거든요. 그때 최병렬 시장이 일찍 왔어요. 그런데 저한테 쪽지가 오더라고요. 삼풍백화점이 무너졌다고요. 그래서 이임식도 못한 상황에서 사고 현장으로 달려갔었죠. 그리고 다음 날인 7월 1일에 조순 시장이 현장에서 업무 인수인계를 했어요. 그때 조순 시장의 정무부시장이 이해찬 씨[6]였거든요. 원래는 민선 시장이 왔으니까 새로 인사 개편을 대대적으로 하려고 했대요. 저도 원래는 한직으로 내려가기로 되어 있었다고 해요. 그런데 사고가 나서 500여 명이 넘게 죽었으니 정신이 없죠.

5 최병렬(1938~2022)은 제29대 서울시장이다. 1994년 11월 3일부터 1995년 6월 30일까지 재임하였다. 서울시의 마지막 관선 시장이다. 대통령비서실 정무수석비서관, 문화공보부, 공보처, 노동부 장관 등을 역임하였다. 각종 시설물의 안전확보와 부실공사에 대한 대책 마련을 적극 추진하였다. 이외에 교통문제 해결을 위한 교통특별대책 수립을 추진하였다. 퇴임 전날인 6월 29일 삼풍백화점 붕괴사고가 있었다. 제12·14·15·16대 국회의원과 한나라당 대표를 역임하였다.

6 이해찬은 1952년생으로 충남 청양 출신이다. 서울대 사회학과를 졸업하였다. 초대 민선 시장으로 당선된 조순 시장 시기 정무부시장을 지냈다. 부시장 재임기간은 1995년 7월 1일부터 1995년 12월 26일까지이다. 제13~17·19·20대 국회의원, 청와대 정무특보, 교육부 장관, 국무총리, 민주당 대표, 노무현재단 이사장 등을 역임하였다.

❙ 노후된 아파트를 시찰하는 최병렬 시장(1994년)

모두들 충격 때문에 정신이 없었죠.

그래서 제가 현장에서 조순 시장을 모시고 다녔죠. 그거 수습하느라 한 달 넘게 걸렸어요. 그리고 조순 시장이 피해보상금을 마련하기 위해 삼풍백화점 부지를 상업지역으로 바꿔서 용적률을 올려주고 그 부지를 판 돈으로 1인당 4~5억 원씩 배상을 하게 됩니다.

그 당시는 조순 시장의 취임식도 간략하게 했던 걸로 알고 있습니다.

맞아요. 일단 삼풍백화점 현장에서 간략하게 했어요. 1995년 7월 1일이었죠. 그다음에 9월 1일에 백범광장에서 정식으로 했어요. 일단 본인은 민선시장이니까 야외에서 하겠대요. 총무과장인 저한테 알아서

남산 백범광장에서 열린 조순 시장 취임식(1995년)

준비하라고 그랬어요. 일단 종묘도 가보고, 다른 곳도 몇 군데 가봤어요. 그런데 조순 시장이 백범 선생을 좋아했어요. 그래서 남산에도 올라가 봤죠. 거기 백범광장이 있거든요. 가보니까 너무나도 적격이더라고요. 일단 시장의 방침을 받고 시경과 협의하니까 거기는 교통 문제 때문에 어렵다고 하더라고요. 제가 전에 청와대 의전기획실에서 근무를 했거든요. 일단 경호부장을 만나서 설명했죠. 백범광장에서 내리고 순환도로에 차를 대면 완벽할 거라고 하니까 경호부장이 좋다고 해요.

교통방송국 아래쪽인가요?

백범광장에서 조금 내려가면 산책도로가 있어요. 그런데 당시 남산관리소장이 그랬어요. 시장이 아니라 누구라도 거기는 사용을 못 한다는 거예요. 그래서 사정해서 취임식 때만 잠깐 사용하겠다고 했어요. 덕분에 조순 시장이 취임식 끝나고 이렇게 일 잘하는 사람은 머리털 나고 처음 봤다고 했어요. 시장이 잘 봐줬어요. 그래서 제가 부이사관으로 승진하고 두 번째로 청와대에 근무하게 되었죠.[7]

그게 1996년도에 청와대 비서실의 행정관으로 가신 거죠?

네, 그때는 부이사관으로 간 것이고 그전에는 서기관으로 의전비서실에 갔던 거였어요. 대략 국장으로 승진할 때까지의 이력입니다. 되돌아보면 위기에 처할 때마다 그걸 돌파하는 능력이 그런 식으로 다져졌다고 봐요.

선생님께서 두 번째 청와대 파견을 나갔다가 다시 돌아올 때는 서울시 어디로 왔나요?

재정기획관으로서 예산 담당국장이죠. 거기에 잠깐 몇 달 정도 있다가 시정개발연구원 사무국장으로 가게 되지요. 가보니 박사들이 수두룩

---

7 조순 시장 취임 전날인 1995년 6월 29일 삼풍백화점 붕괴사건이 일어났다. 때문에 조순 시장은 다음날인 7월 1일 삼풍백화점 현장에서 시장 업무를 인수인계하는 것으로 취임식을 대신하였다. 이후 연기되었던 취임식은 2개월 뒤인 9월 1일 남산 김구광장(옛 야외음악당)에서 시민과 각계 인사 5,000여 명이 참석한 가운데 시민축제 형식으로 열렸다.

▎옛 안기부 건물이었던 현재의 서울유스호스텔

해요. 연구하는 분위기가 좋더라고요.

그게 서초동의 서울연구원인가요?

당시에는 옛 남산 안기부 건물[8]에 있었어요. 거기서는 공부하는 사람들이 많았죠. 아주 색다른 경험을 했죠.

---

8 해당 건물은 현재 서울유스호스텔로 사용되고 있다. 서울유스호스텔은 안기부의 남산 본관 건물이 있던 자리에 세워졌다. 참고로 안기부는 1994년까지 해당 건물을 사용하였고, 이후 TBS 교통방송청사와 서울종합 방재센터, 남산창작센터, 서울시 소방재난본부 등으로 사용하게 되었다. 한편 1990년대 서울시가 추진하였던 '남산 제모습찾기 사업'에 따라 안기부 건물이 이전하면서 남산에 있던 상당수의 건물들이 철거됐다. 그러나 본관을 비롯한 여러 별관은 서울시에서 고쳐 새로운 용도로 사용하게 되었다. 이후 서울시는 안기부 본관 건물을 예산 81억 원을 들여 리모델링하고, 2006년 2월 23일 청소년 숙박시설인 서울유스호스텔로 개장하였다.

1997년에 다시 서울시장 비서실장으로 오시네요?

맞아요. 그때 당시 도곡동 타워 팰리스에 이건희 회장이 삼성 본부를 지으려고 했었어요. 그런데 IMF가 터지면서 흐지부지되었죠. 인근 아파트 주민들도 교통이 안 좋아질거라고 하면서 반대했거든요.

만약 삼성 본사가 도곡동에 들어갔다면 어떻게 되었을까요?

개인적으로는 더 좋았을 것 같기도 해요.

서울문화무역관 베이징주재관 파견

서울시 비서실장으로 계시다가 베이징 서울문화무역관[9] 관장으로 나가십니다.

수습대표로 갔어요. 전임자가 신동우 강동구청장이었거든요. 나중에 국회의원도 하신 분이죠. 그전에 조순 시장이 해외주재관을 만들었거든요. 베이징, 도쿄, 뉴욕, 파리에 파견했죠.

9 서울문화무역관은 서울 소재 중소기업들의 중국 진출을 돕기 위해 1995년 10월 베이징에 설립되었다. 서울시는 서울문화무역관을 통해 중국진출을 희망하고 있는 중소기업들의 상품전시·거래알선 등을 지원하였다. 당시 서울문화무역관은 총 220평 규모로 상품전시관, 상담실, 홍보관 등으로 구성돼 있었다. 이 중 상품전시관에는 1995년 현재 92개 업체가 참여했으며, 48개 업체가 개별부스를 마련해 상품을 전시·판매하였다. 이후 1996년에는 5,300만 달러의 수출 상담 실적과 17건의 한·중 합작투자를 성공시켰다.

▎베세토 행사에 참가한 조순 시장(1996년)

그때가 한참 베세토(Be-Se-To)[10]를 이야기할 때죠?

맞아요. 그때였죠. 고건 시장님이 민선으로 오셨을 때였어요. 저한테 어디를 가고 싶으냐고 묻더라고요. 베이징으로 가겠다고 했죠. 전 관장인 신동우 씨에게 물으니 거기가 제일 좋다고 했거든요. 서울시 공무원은 해외 근무를 경험하기가 쉽지 않잖아요. 덕분에 거기서 1998년부터 2001년까지 3년을 근무합니다.

10 베세토(Be-Se-To)는 베이징(Beijing), 서울(Seoul), 도쿄(Tokyo)를 지칭하는 용어로 주로 동북아시아의 교류와 협력을 강조하는 맥락에서 사용되던 용어이다.

오래 계셨네요.

그때가 공직생활의 최전성기였어요. 그 넓은 땅덩어리에서 성장省長이나 직할시장 같은 사람들을 다 만났거든요. 그러면 감각이 달라지죠. 만일 고건 시장님이 참석해야 하는 데 참석을 못할 경우에는 제가 특사 비슷한 자격으로 만나서 협의하죠. 이런 식으로 시정에 참여했거든요.

정말 좋은 경험이었네요.

당시 저희 애들이 고등학교 1학년, 2학년이었어요. 그래서 물어봤어요. 아빠가 발령을 받으면 따라갈 거냐고요. 둘 다 따라간다네요. 발령 받기 전에 베이징대학과 칭화대학을 방문해서 보여줬거든요. 따라가겠대요. 거기에서 애들이 세계화를 걷는 공부를 하게 되죠.

아버님 덕을 톡톡히 봤군요. 그게 2001년 7월까지였나요?

6월 말까지 거기에 있었어요. 그때 서울시 출입기자 팀장들이 베이징에 왔어요. 그래서 제가 견학도 시켜줬죠. 다들 팀장급이었거든요. 그 기자분이 돌아가서 고건 시장에게 말해줘서 제가 공보관으로 발탁되어요. 그런데 제가 오자마자 서울에 폭우가 내렸어요. 강남이 다 잠기고 또 어디를 건너다가 사람이 죽고 그랬어요. 신문 사설마다 서울시가 대책 잘못 세웠다고 난리가 났어요.

아산병원이 막 잠기고 그럴 때였나요?

그럴 거예요. 그런데 저는 해외에서 3년이나 있다 보니까 국내 실정을

▍고건 시장(1999년)

잘 몰랐죠. 신문을 보니까 뭐 엉망이에요. 일단 종합건설본부장과 브리핑을 갔죠. 기자들이 질문을 해요. 그래서 답변을 하고 있는데 고건 시장님이 잠시 후 도착한다고 해요. 그리고 거기서 확대간부회의를 할 것이니까 준비를 하라고 연락이 왔어요. 남산소방본부가 종합대책사무실이었거든요. 그래서 도착하더니, "어이, 공보관, 기자들 관심사가 뭐야?"라고 물어보더라고요. 제가 전에 비서도 하고 그랬잖아요. 그래서 인사권자가 어떤 걸 궁금해 하는지를 어느정도 알고 있어요. 덕분에 민선 고건 시장님과 팀워크가 아주 잘 맞았어요.

시장의 의중을 읽는 것은 또 다른 일이죠?

당시 시장 머릿속에는 잠시 '대권'에 관한 것도 있었죠. 기자들이 인터뷰할 때 보면 맨 마지막 질문은 항상 대권 도전 여부에 관한 것이었어요. 화산이 폭발하기 전에 용암이 올라오듯이 표출해야 하는데 고건 시장님은 그걸 누르더라고요. 언론사 편집국장을 만날 때의 표정을 보면 대권에 도전할 줄 알았어요. 그런데 일반 정치인이 아니라 직업 공무원 출신이다 보니 조금 행보가 달랐죠. 옆에서 보면서 많은 것을 느꼈죠.

서울시 한강시민사업소 소장으로 근무

그다음에는 한강시민사업소장을 하시게 됩니다.

2005년에 미국 컬럼비아대학에 갔다가 돌아와서 이듬해인 2006년 한강시민사업소장을 맡았어요. 처음 간부회의에 가보니 그게 맨 말석이더라고요. 6개월 정도 근무했죠. 그런데 그사이에 한강시민공원에 수해가 2번이나 있었어요. 수위가 10m를 넘어갔어요. 나중에는 11m를 넘어가더라고요. 둔치에 뻘 같은 게 쌓여요. 직원들 기계를 가지고 치워야 했죠. 그래서 수도방위사령관에게 전화를 해서 "이거 군인들 아니면 어렵다."라고 했어요. 다행히 도움을 받아 싹 치웠어요.

한강관리사업소(1986년)

그때가 7월이었던 걸로 기억합니다. 비가 많이 와서 잠수교도 통제되고요.

그럴 거예요. 그런데 10일 정도 있다가 또 홍수가 왔어요. 그 짧은 기간에 2번을 겪었어요. 수습 후에는 이제 한강사업본부를 발족해요. 기존의 사업소 규모로 하기에는 일에 비해 기구가 작다고 했죠. 그래서 위에는 본부장을 두고, 그 밑에 차장을 두는 걸로 했죠. 그때가 오세훈 시장이었죠. 한참 한강르네상스 프로젝트를 하면서 조직이 또 커져요. 일단 거기서 6개월 정도 근무하고 재무국장으로 가죠.

재무국장으로 가서는 어떤 일이 있었나요?

오세훈 시장이 공약을 했어요. 재산세를 구청장이 다 쓰는 게 아니라 시장이랑 함께 사용하도록 말이에요. 구청장이 재산세를 거두면 절반은 각 구에서 쓰고, 나머지는 시장이 25개 구 재정에 따라 나누는 형식으로요. 오 시장의 공약이었어요.

그러면 어떤 점이 달라지나요?

강남구나 서초구 같은 곳은 그대로 두면 재산세가 1조 원을 넘어가요. 특히 강남은 그래요. 그런데 강북구 같은 곳은 아무리 거둬도 200억 원이 안 되거든요.

차이가 정말 크네요.

노무현 대통령 때였어요. 그때 대통령도 그걸 하지 못했어요. 그런데 서울시가 그렇게 했죠. 저도 국회에 가서 국회의원들 일일이 만나서 설득하고요. 당연히 강남이나 서초구청장들이랑 그쪽 국회의원들은 반발하죠. 자기 구에서 재산세 거둔 것을 다른 구에 사용하는 거니까요. 그때는 김덕룡 서초구 국회의원이 막강했어요. 상임위에서 찬성을 얻어 통과시키려고 해도 사람들을 밖으로 불러내어 의결 성원이 안 되도록 했죠. 아무튼 제가 쫓아다닌 덕분에 지방세법 개정안이 상임위원회에서 통과가 되었죠. 또 법사위 거쳐 본회의까지 통과시켰어요. 그걸로 오 시장이 저를 상수도사업본부 본부장으로 발령을 내줬어요.

덕분에 상수도사업본부 본부장이 되었던 거네요.

잘 봐준 거 같아요.

수돗물을 음용수 '아리수'로 브랜드화

상하수도국에서 1989년도에 상수도사업본부로 바뀌게 됩니다. 그런데 본부장 자리를 놓고 1급으로 할지, 2급으로 할지, 계속 이야기가 바뀌더고요. 당시가 서울시가 올림픽이 끝나고 역량을 집중할 곳은 본부체제로 바꾸게 되는 걸로 알고 있는데요. 그래서 상수도사업본부가 되는 걸로 말이죠.

그렇죠. 그런데 원래 중앙정부에서는 상하수도국을 독립기관으로 만들려고 했어요. 지방공기업으로 만들려고 했던 거죠.

아리수 홍보포스터

지금과는 다른 구상이었네요.

그런데 당시 사람들이 우려를 했어요. 바로 '노조'입니다. 수도마저 노조가 들고 일어나 물이 안 나오게 된다는 거죠. 그러면 안 된다는 논리였어요. 그래서 상수도본부체제로 가게 되었던 거예요. 처음에는 1급을 수장으로 두고, 그 밑에 차장을 두려고 했어요. 당시 상하수도국장이 본부장 밑의 차장으로 나가는 거죠. 그때 저는 수도국 업무계장 시절이었거든요. 그때 백상승 씨가 본부장이 되었죠.

그게 민주화랑 올림픽 이후인 1989년도라는 시점과 맞물린 측면도 있겠죠? 그동안 눌려 있다가 1989년 무렵부터 여러 기업에서 파업이 봇물 터지듯 나오니까요.

그런 점도 있었을 거예요. 어쨌든 당시만 해도 서울시장의 첫 번째 관심사는 수돗물이었어요. 그러니까 당시 백상승 본부장이 내무국장을 하고 있었거든요. 그분을 1급으로 승진시켜서 상수도사업본부 본부장으로 발령낸 거죠. 그 정도로 시장의 머리에는 물 문제가 제일 컸죠. 하지만 그다음부터 상수도 문제는 잊혀지죠. 지금은 상수도본부장이 1급이 아닐 겁니다.

당시에 파격적으로 본부장을 1급으로 발령한 것도 그런 의미가 있었군요.

물 문제가 최우선이었던 거죠.

상수도사업본부 본부장으로 갔을 당시 가장 중요한 현황은 무엇이었나요?

상수도사업본부에 가서 보니까 가장 큰 현안이 시민의 음용률이었어요. 수도에 1조 원 가까이 돈이 들어가고 있었거든요. 그런데 실제 시민들의 음용률은 낮았어요. 서울시는 80%라고 했지만 실제 조사해 보면 그보다 더 낮았어요.

당시 가장 힘들었던 점은 어떤 것이었나요?

제가 상수도사업본부장을 하면서 어려웠던 점은 수도 문제가 오 시장의 관심사항이 아니었다는 것이었어요. 물 문제가 얼마나 중요합니까? 깨끗하고 안전한 물을 마셔야 시민들 건강도 좋아질 거 아닙니까. 그런데 당시 시장은 거기에는 관심이 없었어요. 이분은 디자인 같은 것에 매달려 있었죠. 도로에 화강암도 깔고, 도로 미관 같은 거에 관심이 많았어요. 프로젝트사업 같은 거에도 신경을 썼죠. 내부적으로는 그런 게 어려웠죠.

시민들도 수돗물을 먹으면 외계인 취급을 했죠. 1조 원 가까이 투입해서 수돗물을 만들어내도 안 마시니까요. 그래서 '아리수품질확인제'를 도입하고, 〈수도법〉을 개정해서 판매도 하려고 했던 거에요. 생수처럼 만들어 싼값으로 보급하겠다고 홍보했거든요. 음용률이 너무 나쁘니까요.

수돗물에 대한 인식 때문이었죠?

그렇죠. 잔류염소 성분이 100만분의 1이라서 평생 먹어도 건강에는 지

❙ 아리수 품질확인 보고서

장이 없어요. 아무리 홍보를 해도 안 마셔요.

다들 그렇죠.

안 마시는 걸 어떻게 해요? 마시면 외계인 취급을 해버리는 게 사실이잖아요. 그래서 제가 들고나온 것이 '아리수품질확인제'입니다.[11] 주부

11 아리수품질확인제는 가정의 수도꼭지 수질검사와 옥내배관, 물탱크 관리 상태를 무료로 종합 진단하여 시민들이 안전한 수돗물을 이용하도록 안내하는 사업이다. 수질검사는 서울시 직원들이 가정을 직접 방문하여 수돗물 안전에 기본이 되는 항목을 현장에서 바로 검사하고, 수질이 적합한 수도꼭지에 대해서는 적합 표지를 부착해 준다. 검사 결과 부적합한 수돗물은 정밀 수질검사 등 수질이 부적합한 원인을 조사하여 수질 개선 방법을 상세히 안내하고 있다.

들을 계약직으로 뽑았어요. 전임 상수도본부장 때에도 조금씩은 했는데 제가 오면서 본격적으로 했어요. 수돗물을 안심하고 마셔도 된다고 홍보하는 거죠. 수돗물을 받아서 검사한 다음에 합격인 걸 보여주고 마셔보도록 하는 거예요. 수도물이 안전하다고 홍보를 했어요. 250만 전 가구를 대상으로 말이죠.

홍보가 중요하죠. 잘 만든 것도 제대로 알려야 효과가 나오는 거죠.

그다음은 오세훈 시장의 결재를 처음으로 받아 고도정수처리[12]를 하는 거죠. 모래로 여과하는 것만 아니라 숯 여과도 하고, 마지막으로 오존소독까지 해서 각 가정으로 보내게 하는 시스템이에요. 수도사업소당 어마어마하게 예산이 들었어요. 사업소가 모두 8곳이었거든요. 지금은 거의 다 완료가 되었을 거예요. 또 '아리수'라는 이름을 지어 페트병에 넣어 공공기관 회의라든가, 시민 행사에 무료로 공급해서 마시게 했어요.

브랜드화하는 거네요. 아리수라는 이름이 그때부터 나왔고요.

그리고 그걸 페트병으로 만들어서 시판하려고 했어요. 그런데 그러면 〈수도법〉을 개정해야 해요. 그러니까 야당에서 "수돗물을 서민에게 팔

12 고도정수처리(高度淨水處理)는 일반 정수 처리 공정으로는 완전히 제거되지 않는 물질, 곧 수돗물에서 맛과 냄새를 유발하는 물질, 미량 유기 오염 물질, 암모니아성 질소, 질산성 질소, 내염소성 병원성 미생물 따위를 제거하기 위한 공정이다. 생물 처리, 오존 처리, 활성탄 처리, 정수용 막 여과, 고도 산화, 자외선 조사 단계를 거친다.

아먹으려고 하느냐?"라고 하면서 반대를 했죠. 그 바람에 〈수도법〉을 개정하지 못했죠.

처음에는 정말로 슈퍼마켓이나 편의점에서 판매하실 생각이었나요?

그랬요. 물론 시장이나 고위 간부들은 수돗물을 거기에 왜 넣는지를 이해하지 못했어요. 그걸 이해시키고 나서 페트병에 넣어서 회의 때마다 마시게 했어요. 동네 주민들에게 나눠주니 좋아했고요.

반대가 많았네요. 선생님 입장에서는 아쉬운 점이기도 하네요.

그렇죠.

그런데 자료를 보니까 아리수가 2004년에 '특허'를 받았다고 합니다.

2004년이 아니라 2008년이었어요. 제가 2008년도에 본부장으로 가서 아리수를 시판하려고 했잖아요. 그럼 상표등록을 해야죠. 그런데 확인하니까 보해소주의 임건우 회장이 아리수를 상표등록을 해서 가지고 있었어요. 그래서 전임 상수도본부장들이 가서 상표등록을 서울시로 넘겨달라고 했어요.

안 줄 것 같은데요.

이름 멋있으니까 안 내놓죠. 나중에 제가 만나서 설득해서 상표등록을 서울시로 기증을 받았던 거예요. 그렇게 해서 등록한 거죠. 상표등록하는 장면도 사진이 있어요.

어떻게 설득했나요?

임건우 회장이 그 전에 아무리 돈을 많이 줘도 내놓지 않았어요. 그래서 제가 그랬죠. 서울시 수도는 1년에 1조 가까이 돈을 들여 만드는 것이고, 이것을 시판해서 전 시민들이 마시도록 하려고 한다고 했죠. 그리고 아리수는 한강을 대표하는 이름이라고도 하고요. 좀 도와달라고 했죠. 그랬더니 회장이 흔쾌히 수락했어요.

그전에는 꼿꼿하셨다면서요?

아무리 돈을 많이 준다고 해도 넘기지 않는다고 했어요. 돈보다는 명분이랑 의도가 좋다고 설득한 게 잘 된 거 같아요. 기증식 때 오 시장이랑 다 같이 사진도 찍었죠.

2008년 중국 쓰촨성에서 지진[13]이 났을 때 아리수를 보냈던 걸로 알고 있습니다.

맞아요. 그 물을 중국 쓰촨성에 지진이 났을 때도 보냈죠. 베이징올림픽 때도 아리수를 10만 병 정도를 보냈어요. 10만 병이 얼마나 많은지 모르시죠? 시청 앞에 대한민국에서 제일 큰 트럭이 모두 동원되는 거예요. 그걸 실어서 인천에서 배로 실어나가는데 장관이었어요. 그런 식으로 홍보를 해서 음용률을 높이려고 했죠. 그런데 더 낮아지더라고요.

13 2008년 5월 12일 발생한 쓰촨성대지진을 말한다. 중국 쓰촨성 원촨현에서 발생한 규모 8.0의 대지진으로 현지 시각으로 오후 2시 28분에 발생했다. 지진으로 인한 사망자는 약 6만 9,000명, 실종자는 약 1만 7,000명, 부상자는 약 37만 4,000명 이상으로 집계되었다. 경제 손실은 약 1조 위안 이상으로 추정되고 있다. 한국 정부는 119구조대원 40여 명을 파견했으며, 민간에서도 의료진과 자원봉사자 등이 구조 및 복구 작업을 지원하였다.

중국 쓰촨성 지진 피해 구호를 위해 전달되는 아리수(2008년)

지금도 낮은 게 사실이죠.

당시 오세훈 시장이 베이징에 한 번 왔었어요. 리커창 부총리와 인민대회장에서 만나서 대화하는데 쓰촨성 지진 때 아리수를 보내줘서 고맙다고 하더라고요. 아리수 이야기만 했어요. 오 시장도 깜짝 놀랐죠. 피해복구 성금도 많이 보냈는데 물 이야기만 하니까 말이에요. 페트병에 넣은 아리수 이야기만 했거든요. 베이징올림픽 때에도 마셨다고 하면서 말이에요.

옥내 노후 수도관 개량사업과 고도정수처리 시행

다시 상수도본부장 시절에 대해서 질문을 드리겠습니다. 당시에 옥내 노후 수도관 개량사업을 했던 걸로 알고 있습니다. 그러면서 무료로 수도 검사도 해주고 말이죠. 당시 수질검사 요청이 실제로 많이 있었나요?

노후배관은 거의 교체가 된 상태였어요. 그렇지만 아파트 옥상 같은 데에 물탱크에는 간혹 모기가 애벌레도 낳거나 벌레가 들어가고 했거든요. 아무리 수도관을 좋은 거로 교체해도 그렇게 저장탱크에서 이물질이 들어가거나 변질이 되어버리면 문제인 거죠. 당시 무료로 검사해 준 집도 있었지만 수돗물을 안 마시니까 아리수품질확인제를 시행한 거죠. 집집마다 검사를 해주는 거예요. 안전하다고 말하면서 직접 마시는 거죠. 집주인에게도 마셔보도록 하는 거죠. 그리고 옥상 물탱크를 없애고, 수도관에서 바로 수도꼭지로 이어지도록 관을 설치해 줬고요. 특히 학교 같은 데는 다 그렇게 바꿔줬어요.

물탱크에 저장했는데 너무 오래되면 물이 상하게 되죠.

거기서 모기가 알을 까고 그러는 거죠. 결국 그런 게 문제거든요. 원래 고도정수처리를 하면 물 아니면 다른 게 통과할 수가 없거든요. 또 숯이랑 활성탄으로 여과를 하니까 벌레가 뚫고 들어올 수도 없고요. 마지막에는 오존소독까지 해요. 그런데 애벌레 같은 게 나온다고 보도가 되면 수돗물에 대한 불신을 조장되는 거죠.

ㅣ가정집 누수탐지 모습

그런데 실제 시중에서 파는 생수랑 아리수랑 수질을 비교하면 어떻나요?

검사를 다 했어요. 에비앙이니 뭐니 다 했어요. 생수도 원래 깨끗하고 좋아요. 그런데 보관이랑 유통을 하면서 판매할 때만 냉장고에 넣거든요. 그러니까 거기에 일반세균 수치가 기준보다 훨씬 많더라고요. 다른 바이러스나 이런 나쁜 균이라든가 나올 수밖에 없는 거예요.

생각해보니 정말 그러네요. 더운 날 밖에 며칠씩 있으면 아무리 생수가 깨끗해도 나빠지겠네요.

그렇지만 수돗물에는 잔류염소가 있어서 안전해요. 한강물도 맑아졌잖아요. 평생 먹어도 안전해요. 홍보도 열심히 했지만 수돗물에 대한 신뢰도나 음용률을 높인다는 게 정말 어려운 문제더라고요. 그렇지만 제일 안전한 물은 아리수예요. 오히려 생수는 일반세균이 기준치보다 많았다고요. 말했듯이 보관과 유통과정에서 엉망이었거든요. 지방에 있는 생수공장 현장도 가봤어요. 옆에 하천이 지나가는데 취수해서 병에 넣더라고요. 그러니까 수질이 얼마나 나빴겠어요? 그런데 '생수'라는 말에 시민들이 다 넘어가더라고요.

오히려 봉이 김선달은 생수 파는 업체들이었네요.

또 하나는 정수업체들의 문제입니다. 불안을 부추기는 곳이 바로 정수업체였어요. 업체의 여과장치를 검사해 보니까 세균 번식기나 다름없더라고요. 그러니까 제가 계속 이야기를 했을 거 아닙니까? 그래서 제가 본부장 때에는 정수업체랑 생수업체들과는 완전히 원수지간이었어요.

본부장들과 업체들과는 언제나 갈등이 있었겠네요.

그렇죠.

그리고 고도정수처리를 해서 깨끗한 물을 공공재로 공급하겠다는 거니까 정수기 물도 필요 없는 거고요.

필요 없죠. 직결급수 설치를 했으니까요. 아파트 새로 지은 곳은 물이 완벽하다고요.

고도정수시설 내부 모습

이번에는 고도정수 시설에 대해서 질문을 드릴게요. 본부장으로 계실 때 영등포정수센터 빨리 완공하겠다고 발표했던 걸로 알고 있습니다.

맞아요. 다 지은 건 2010년이었죠. 그리고 거기를 고도정수처리장으로 하겠다고 했죠.

거기가 입성활성탄과 오존소독 과정을 거치게 하겠다고 하셨죠?

그랬죠. 일단 제일 먼저 페트병에 병입한 곳은 강북정수장입니다. 깨끗한 물을 바로 가져와서 입성활성탄과 오존소독까지 마쳤죠. 국회에서 행정감사를 하거나 회의할 때 생수 대신에 아리수 페트병을 제공했어요. 그리고 이것을 싼값에 일반 생수처럼 시판하는 것이 수돗물의 신뢰도를 높이고 음용률을 재고하는 지름길이라고 생각했어요. 그런데 아직까지도 못 하고 있죠. 대신 아이들을 위해 직결음수대도 설치는 많이 해줬어요. 학교마다 다 설치해 줬죠.

요즘 학교에 가서 보면 복도에 설치된 발로 누르면 물 나오는 음수대가 바로 그건 가요?

맞아요. 학교에 집중적으로 설치해 줬어요. 디자인에도 신경을 많이 썼어요. 모양이 좋아야 수돗물에 신뢰도가 올라간다고 했거든요.

아파트에 비해서 단독주택의 옥내 노후관 개량은 쉽지 않죠?

아파트는 개축할 때 하면 되는데 단독주택이 어렵죠.

| 유치원 및 초등학교에 설치된 아리수 음수대

옥내 노후관도 지역에 따라 지구에 따라 공사비가 다를 것 같습니다. 대규모 주택단지와 단독주택이 또 다를 테고요.

제 집사람 고향이 안동입니다. 가서 물을 틀어보니 녹물이 나왔어요. 요즘은 구리관으로 한다든지, 내구성 좋은 재료를 사용하거든요. 그걸 개인 비용으로 교체하기가 만만치 않아요. 지원이 없으면 좀처럼 교체하기 어려워요.

집 앞에까지 들어온 관은 문제가 없는데 옥내관이 녹슬어서 썩은 물이 나오는 경우가 많은 거네요. 그런데 그런 일이 발생하면 보통은 옥내관의 문제라고 생각하지 않고 수돗물이 문제라고 생각하는 거 같아요.

그렇죠. 다들 수돗물을 욕하죠. 기술적으로 물을 공급하는 시스템은 완비되어 있어요. 그러나 단독주택단지, 연립 다가구주택, 노후 아파트가 문제인 거죠. 특히 단독주택지역이 문제예요. 은평구처럼 그 일대를 전부 뉴타운으로 새로 조성하지 않는 이상은 관을 교체하기가 어렵거든요. 결국 이명박 시장 때도 자기가 대통령이 되기 위해서 본보기로 거기만 반짝했던 거였잖아요. 나머지 땅은 관심이 없었죠.

결국 단독주택의 옥내 노후관 개량사업이 어려운 일이네요. 국가나 지자체 차원에서도 가옥주를 지원하는 정도가 최대한 할 수 있는 방식인 거고요.

그렇죠.

서울시 상수도사업본부의 구조조정과 경영체제 도입을 구상하다

당시 직원의 노령화 문제가 대두되었던 걸로 알고 있습니다. 젊은 사람들은 힘든 일을 하지 않으려고 한다는 것 때문에요. 또 본청의 인력을 '슬림'하게 만들자고 하거나, '구區'로 넘길 사람은 넘기고 위탁방식도 늘리자는 말도 있었고요. 즉 구조조정이라는 문제가 나왔던 시기였습니다. 현장에서는 노령화에 따른 인력 보충과 수급 재조정 문제가 나왔고요. 당시 상수도본부 쪽에서는 어떤 이야기들이 나왔나요?

어느 정도 구조조정이 되었어요. 그런데 상수도 쪽 사람들이 생각하는 것과는 다른 방향으로 이루어지더라고요. 당시 시장이 상수도를 잘 이해하지 못했거든요. '일 안 하는 놈'은 어디로 보내서 이상한 일을 시켰어요. 현장의 누수탐지나 계량기 교체를 시키는 거죠.

조직의 하부구조를 보면 각 지역마다 사업소가 따로 있고, 본부만 해도 경영관리부, 요금관리부, 생산부, 급수부, 시설관리부 등 엄청나게 큰 조직입니다. 현재도 8개 사업소에 정수센터가 6개가 있고요. 거기에 또 수도기술연구소라고 불리던 물연구원도 있고요.

상수도 예산이 1년에 1조 원이나 돼요. 지금은 더 늘어났을 거예요. 1조 원을 들여 수돗물을 만들어내는데 생수 마시는 사람이 더 늘어나니 어떻게 보면 예산 낭비예요. 음용률을 높이고 신뢰를 높이려면 빨리 법을 개정해서 싼값으로 생수처럼 시판해야 한다고 봅니다. 미국이나 캐나다도 파는 물을 보면 생수보다도 여과된 물이 많아요. 그런데 싸게 팔지요.

선생님을 비롯한 역대 본부장들이 고민하던 것이 수돗물 원가를 따지면 비싼 물인데 그걸 마시지 않고 그저 닦는 데 쓰거나 하니 가치를 제대로 살리지 못한다는 거죠?

바로 그거예요. 요새는 심지어 밥하는 것도 생수를 사용하는 사람들이

누수방지대책 워크숍(1999년)

있어요. 말이 안 되죠. 수돗물에 대한 근본적인 인식을 바꾸려면 아리수를 시판해야 해요.

본부장으로 오시기 직전에 서울시 재무국장을 했잖아요. 상수도사업본부 예산이 어떤 식으로 운용되는지 잘 아실 것 같습니다.

상수도사업본부도 수도요금을 거둬서 그것으로 예산을 편성하죠. 또 특별회계라고 해서 수도요금도 받고요. 그게 좀 부족하면 일반회계에서 보조를 받아 메우고요.

관선기와 민선기의 역대 시장 가운데 물에 대한 인식에 가장 각별했던 분은 누구였나요?

물에 대해서는 아무래도 관선기의 고건 시장이 각별했죠. 상수도사업본부를 발족시킨 분이니까요. 물론 고 시장도 민선으로 다시 온 다음에는 그렇게까지 각별하지는 않았어요. 수돗물에 바이러스 조각이 나왔다고 언론에서 뭐라고 하면 잠깐 관심을 가졌을 정도였죠. 음용률 같은 거는 큰 관심이 없었어요.

어떻게 보면 지방자치제의 모순일 수도 있겠네요. 시민들의 의사를 반영하기 위해 지방자치제 선거가 부활한 것인데요. 표를 얻을 수 있는 정책에만 신경 쓰고, 물처럼 시민들에게 기본적인 것은 관심을 덜 기울이니까요.

관심이 다들 선거에 가 있으니까요.

공공사업으로서 상수도가 지닌 가장 큰 맹점은 원가보다 한참 미치지 못하는 수도요금이라고도 합니다. 상수도본부에서 1996년부터 1998년까지 3년 동안 매년 25%씩 수도요금 인상을 검토하겠다고 발표한 적이 있었습니다. 그래서 3년 안에 수도요금을 원가와 맞추겠다고요. 선생님 계실 때에도 그런 이야기가 나왔나요?

역대 본부장들이 수도요금으로 참 애를 먹었죠. 그걸 현실화해서 경쟁력을 재고하려면 정말로 어려워요. 대개는 시장이 반대하죠.

선거에 불리하죠.

그렇죠. 그리고 수돗물만 올리게 되나요? 하수도처리요금도 올려야죠. 그게 다 표를 깎아 먹는 일이라고요. 선거제도가 있는 한 어느 민선시장이 와도 자신의 직을 내놓고 정상화하겠다고 결정하기는 거의

❙ 강북정수장 통수식에 참석한 고건 시장(1998년)

불가능하다고 봐요. 그래서 공기업이나 독립기관으로 만들려고 한 거예요. 그런데 그러면 또 노조 문제가 결부되거든요. 지하철도 파업하는 마당에 수도마저 파업하면 안 된다고 해서 본부 체제로 간 겁니다. 공기업 방식이 세계 대도시에서 시행하고 있는 방향이긴 해요. 어떻게 보면 선거 포퓰리즘 때문에 못 가게 된 거죠.

공공서비스 시스템의 적자를 세금이 아니라 경영체제를 도입하자는 이야기네요. 구조조정을 하자고 이야기로 연결되었고요.

맞습니다.

하지만 어떻게 보면 사람들의 생각에는 그동안 공공사업으로 해 온 물, 전기, 전철 등은 '무료'로 해야 한다는 것이 자리잡고 있다는 점을 생각해야 할 것 같아요. '무료'라는 것은 수익을 내는 방식은 안 된다는 것이죠. 그런데 오세훈 시장 때에 '판매'라는 말이 등장했던 거죠. 에비앙처럼 수출도 계획하고요 그러다가 보니 '판매'라는 말이 여러 계획안 중에 등장했는데 그것만으로도 엄청난 비판이 일었던 거고요. "시민들을 상대로 돈을 벌려고 하는 거냐?"라고 하면서 말이죠.

그런 측면이 크죠. "이제는 시민들에게 물까지 팔아먹으려 하느냐?"라고 국회의원들이 그랬으니까요. 하지만 예산서를 보여주면 그런 말을 못해요. 특별회계 예산이 그렇게 많이 들어간 물이라는 걸 알고 나면 말이에요. 지금 돌이켜 생각해보면 설득이 좀 부족했다고 봐요. 당시 환경위원회나 수자원위원회 의원들 몇 명이 반대를 했는데 그 사람들을 한 명씩 설득하면 어땠을까 해요. 1조 원 가까이 들어간 물인데 마시지 않는 상황은 정말 넌센스 중의 넌센스니까요.

저도 이번에 수돗물 만드는 데 그렇게 돈이 많이 들어가는 줄 처음 알았습니다.

물에서 이물질이 나오거나 녹물이 나와야 물의 가치를 비로소 느끼잖아요? 그런데 보면 정말 '물 쓰듯이' 수도를 사용하잖아요. 우리도 앞으로 물 부족 국가로 분류가 될 겁니다. 이걸 경영마인드를 도입해서 공사로 발족했으면 어땠을까 생각해요.

상수도본부 조직 같은 경우에는 본부라고 하지만 어떻게 보면 사업소 같은 느낌이 많이 듭니다.

맞아요. 서울시의 본부이지만 사업소 같은 느낌이죠.

물절약 홍보 포스터

제가 듣기로는 1970~1980년대 수도국은 힘이 셌다고 하던데요?

수도국장이 시장 직속이었어요. 관선기에는 힘이 셌어요. 단수가 되면 시장이 달려가서 현장을 보고 그랬죠. 일단 관선기에는 임기도 보장되지 않았던 것도 있었고요. 대통령이 말 한마디면 시장 목이 날아가거든요.

아, 그러네요. 단수 문제로 청와대 같은 윗선에 이야기가 들어가면 문제가 되겠네요. 관선 시장이니까 임기에도 영향을 끼칠 수 있는 거고요.

문제가 생기는 거죠. 지금은 상수도본부 시스템이 완벽히 가동돼요. 대신 시장의 관심이 없으니까 완전히 한직으로 여겨지는 곳이죠.

어떻게 보면 정치적 의미에서 변화가 있었던 거라고 할까요?

그렇죠. 그리고 대개는 본부장이 된 다음에는 더 못 올라가요. 예전에는 부시장으로 오르기도 했죠. 지금은 할 수가 없어요. 또 예전에는 본부장이 1급이었는데 지금은 2급이에요.

예전에는 본부장에 있다가 부시장으로 올라간 분들이 있었죠.

그때는 정말 보장되었다고 했죠.

특별회계를 도입했으니 제한적이지만 수익사업도 할 수 있죠?

그렇기는 해요. 하지만 요금을 맘대로 올릴 수는 없어요. 그래서 일반회계의 지원을 받아 메우는 것이고요. 그래서 오 시장 때 구조조정을 하려고 했던 거죠. 하지만 구조조정으로는 해결이 안 되거든요. 아까 말했듯이 근본적인 걸 바꿔야 하거든요. 경영합리화를 해야 하는 거죠. 한마디로 수도요금을 올려야 하는 거예요. 하지만 시장은 투표로 당선되었기 때문에 그걸 맘대로 하기가 어려운 거고요. 딜레마죠. 어떻게 보면 1989년 무렵에 공기업으로 만들자는 말이 나왔을 때 그게 맞는 판단이었을 수도 있어요. 파업 문제가 발생한다면 공기업법에 관련 규정을 만들면 되니까요. 특히 시민들의 긴요한 사안과 관련된 분야에는 노조 활동을 규제한다든가 해서 말이죠.

공기업도 그런 거 신경 안 쓰고 데모하기도 하던데요.

영국의 경우는 보수당의 대처 수상이 다 막아냈죠. 물론 그다음에 노동당이 정권을 잡으니까 다들 파업을 하긴 했지요.

나라마다 문화적인 부분도 영향이 있다고 해야 할까요?

그런 거 같아요.

수돗물의 신뢰도를 올릴 수 있는 방법

이번에는 다른 질문을 드릴게요. 우리나라 수돗물은 그냥 마셔도 되는데요. 외국의 경우에는 아예 마시면 안 된다고 표시를 해 놓았더라고요.

맞아요. 유럽에서 온 분들 이야기도 들어보면 거기는 물에 석회질이 많답니다. 우리나라 물은 화강암질에서 나온 물이죠. 출장으로 멕시코시티 등 남미 등에 가보면 호텔에서 물을 마시려 하면 '이거는 마시면 안 되는 물입니다'라고 적혀 있거든요. 미국도 마찬가지고요. 하지만 우리나라는 안전하잖아요.

외국에서 살게 되면 공공요금이 얼마나 비싼지를 피부로 느끼게 되는데요. 우

Ⅰ 각 가정의 수도관 누수점검 서비스

리나라의 공공서비스 품질이 좋다는 것도 느끼고요. 그리고 품질에 비해 요금도 정말 저렴한 상황이거든요. 그런데 문제는 그렇게 해서 생겨난 적자를 메워야 하는데요. 아직 거기까지는 사회적 합의가 이르지 못한 듯합니다.

맞아요. 다른 지방의 수도사업도 다 마찬가지예요.

적자의 가장 큰 원인은 어떤 건가요?

일단 누수율이 문제입니다.

그냥 막 새어 나가는 거잖아요?

관을 통해 새어 나가고, 파열되어 새어 나가고 그래요. 수도관에 내시

경을 넣어서 보면 문제가 많아요. 누수탐지 기술이 발달되었지만 여전히 문제가 많아요. 고건 시장이 민선으로 왔을 때 지하에 매설된 전선이나 배관 등에 관한 종합지도를 탄탄하게 완성하고 GPS와 결합해서 지하 매설물을 자동으로 파악되도록 하는 사업을 추진했지요.

상수도 사업에는 토목, 보건, 전기 등도 결부되어 있으니까 여러 부문에 걸쳐서 지식이 필요한데요. 또 그것을 행정과 연계도 해야 하고요. 그런데 본청에서는 사람을 1년마다 갈아치우니까 그런 지식이나 행정과의 연계가 힘들다고 하더라고요.

맞는 말이에요. 일단 민선시장들은 거기에 관심이 없어요. 그게 제일 문제죠. 또 상수도 관이라는 것이 땅에 묻힌 거니까 별로 관심을 두지 않아요. 그리고 그걸 통합적으로 관리할 수 있는 사람이 상수도사업본부장으로 와야만 해요. 그런데 보면 일반직들이 가서 한 1년, 많이 있으면 2년 정도 있다가 나와요. 뭐 좀 하려고 해도 시장이 관심도 없으니까 흐지부지되는 거죠. 고도정수처리 문제만 해도 역대 본부장들이 허락을 받지 못했어요. 저는 오세훈 시장 때 하나하나 설명을 해서 받아냈지만요. 덕분에 정수센터가 고도정수처리를 도입했죠. 세계적으로 안전하고 깨끗한 물이라는 걸 저는 확신합니다.

1990년대 중반부터 수돗물에 불소처리를 하자고 한 적이 있었어요. 그래서 불소처리 지역을 어떻게 선정할 것인지, 불소처리가 좋은지, 아니면 나쁜지, 별의별 문제가 다 나왔던 걸로 기억하고 있습니다. 어린이의 치아 상태에 관한 논문이나 해외 사례까지 인용해가면서 한참 이야기한 적이 있었거든요.

일단 그 논쟁은 치아와 관련이 있죠. 그리고 여론도 수렴해야 해요. 결국 찬반이 첨예하니까 적용이 안 되었던 거예요. 하지만 불소처리를 한들, 수돗물에 대한 신뢰도를 재고하지 않으면 의미가 없어요. 오존처리랑 소독까지 했지만 마시지를 않잖아요. 결국 불소처리를 하기 전에 수돗물에 대한 신뢰도를 높이는 수밖에 없어요.

역시 시민들의 신뢰가 가장 중요하네요.

그렇죠.

이번에는 다른 질문을 드릴게요. 일반 시민들이 수돗물을 마시지 않은 이유 중에 하나가 잔류 염소 때문이기도 하거든요. 거기에 대해서는 어떻게 보시나요?

제가 본부장으로 취임하자마자 국정감사가 있었어요. 그런데 항상 누수율이 높다는 문제가 제기돼요. 유수율을 높이자고 그랬죠. 그러기 위해서는 노후관을 개량해야 한다고 감사 때마다 끊임없이 이야기가 나왔어요. 그런데 교체나 개량이 어느 정도 되었는데도 시민을 상대로 설문조사를 하면 수돗물 음용률이 낮게 나와요. 서울시에서는 음용율을 얘기할 때는 밥할 때나 국 끓일 때 사용하는 양까지도 전부 산입해서 말해요. 그런데 요즘은 잘 사는 집 중에는 국 끓일 때 생수를 사용하기도 하거든요. 사람들이 그래요. 잔류염소가 건강에 좋지 않다고 말이에요. 하지만 수돗물은 그 수치가 기준치의 1/100만에 해당하거든요. 평생 마셔도 건강에 전혀 문제가 없어요. 물론 시민들은 믿지를 않는 거예요. 제가 본부장으로 가서 보니까 고도정수처리시스템을 도입해야 한다는 논의가 한창이었거든요. 그런데 그 문제의 핵심 사안이 바로 이런 음용율이었던 거예요.

고도정수처리시스템과 연관이 있었던 거죠?

그런 거예요. 수질강화를 위해서 고도정수처리시스템을 도입해야 하느냐의 문제였죠. 수도꼭지에서 물을 검사해서 안전하다고 즉석에서 마시기도 했지만 설문조사를 해보면 음용률이 낮아요. 어쨌든 고도정수처리에는 돈이 많이 들어가요. 일단 암사수원지에 도입하기로 했어요. 그래도 안 마셔요. 그 많은 돈을 들이고, 모래로 여과하고, 또 숯으로 여과하고, 마지막에는 오존으로 소독까지 하고, 그렇게 내보내도 안 마시는 거예요. 얼마 전에 인천시 수도에서 뭐가 나왔다고 하면 더 안 먹는 거고요.

얼마 전에도 문래동에서 수돗물 때문에 문제가 되었던 걸로 알고 있습니다.

그게 뭐냐면 대형 노후관 교체는 마무리되었지만 도로에서 집 경계로부터 들어가는 옥내 노후관이 문제였던 거예요. 그건 개인 재산이거든요. 개인이 부담해야 하거든요. 그런데 누가 많은 돈을 들여서 그걸 하려고 하겠어요?

그렇죠. 자기 돈이 추가로 나가니까요.

그래서 방안을 내놓은 게 대형 아파트단지의 경우에는 녹이 슨 곳은 고압으로 모래를 분사해서 씻어내고 거기에 코팅을 하는 방식이었어요. 관을 교체하지 않고도 빠른 시간에 효과를 볼 수 있는 방식이에요. 그리고 요즘에는 오래된 아파트를 헐고 재건축을 하잖아요. 그때 수도관을 다 바꾸는 거예요. 그리고 예전에는 빌딩이나 아파트의 출수를 원활하게 하려고 물탱크에 물을 올렸다가 썼잖아요. 비행기 타고 가다가 '빌라촌' 위를 지나가면 노란색 물탱크가 쭉 있었잖아요. 거기서 문제가 생긴다고 해서 그걸 직결급수로 다 바꿨죠. 수도관에서 바로 수도꼭지로 흘러가도록 말이죠. 제가 있을 때 그것까지도 다 했죠. 그다음에는 상수도연구원에서 원수뿐만 아니라 일반 가정의 수도꼭지에서 나오는 물까지 계속 감시를 하는 거죠.

표본추출을 해서 검사를 했네요.

맞아요. 어쨌든 최근까지는 그런 문제가 없었어요. 그런데 영등포구 문래동에서 그렇게 되었어요. 그런 문제가 한 번 터지면 아무리 노력해도 신뢰가 한순간에 무너진다고요.

아까 말했던 잔류 염소만이 아니라 염소에서 나는 특유의 냄새 때문에 기피하는 경우도 많은 걸로 알고 있습니다.

맞아요. 수돗물에 염소 냄새가 남아있다고 해서 피하는 경우도 많아요. 수돗물을 마시면 외계인 취급을 하는 게 사실이에요. 고도정수처

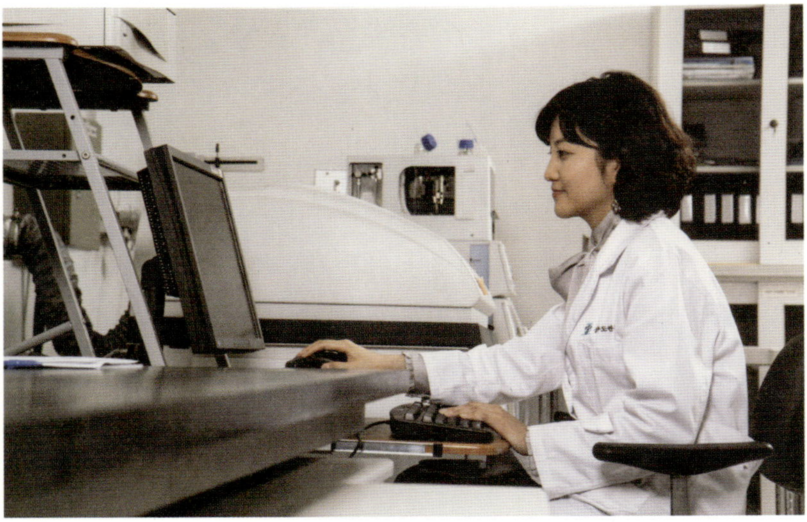

상수도연구원에서의 수질 검사 모습

리시스템을 그 많은 돈을 들여서 만들었는데 아쉬워요. 역시나 아리수를 생수처럼 페트병에 넣어 싼값에 시판해야 했었어요. 그래야 한강 아리수가 이렇게 맛있고 안전하다는 걸 알 수 있는데 말이에요.

청계천 복원 당시 정수장 물을 보내는 것에 반대하셨다고 알고 있습니다.

이명박 시장이 청계천을 복원하잖아요. 그런데 복원할 당시 국무총리가 고건 전 시장이었어요. 고건 총리는 청계천 복원에 반대하는 입장이었죠. 이 시장은 뚝도정수장에서 여과된 물을 청계천 상류로 끌고 와서 흘려보내자고 했죠. 고건 총리는 임시방편이라며 반대를 했죠. 그러니까 이 시장은 자신의 생각대로 할 수 있도록 도와달라고 노무현 대통령에게 부탁했죠. 그 덕분에 청계천고가도로를 철거하면서 정수장 물을 흘려보내게 되었죠.

이명박 시장이 처음 왔을 때 자기 아들이랑 히딩크 감독이랑 같이 사진 찍게 해서 좀 시끄러웠잖아요. 그때 제가 얘기해서 청계천으로 모시고 갔죠. 이거라도 해결해야 조용해진다고 했죠. 밑에 가서 보여줬어요. 위에서 내려오는 똥물, 생활하수가 다 들어와요. 또 광교 양쪽으로 어마어마한 하수가 흘러가요. 고건 총리는 그 생활하수를 중간하수처리장을 건설해서 깨끗하게 정수한 다음에 청계천에 흐르게 해야 한다는 입장이었어요. 수돗물만 흘려보내는 것은 임시방편에 지나지 않는다고 해서 반대한 겁니다.

2005년 복원된 청계천의 모습

야간의 청계천 산책로

그런 비화가 있었군요.

그런데 결국 이명박 시장이 강행하죠. 전문가들은 다들 이야기해요. 언젠가는 고건 총리가 말한 것처럼 생활폐수를 정수해서 흘려보내는 시스템으로 바꿔야 한다고요. 그래야만 그게 완전한 청계천 복원이라고 말이죠.

지금은 인공적으로 멀쩡한 수돗물을 흘려보내는 거죠?

그렇죠. 그게 1년에 예산만 해도 어마어마할 겁니다.

퇴직 후 지방선거 출마 배경과 서초구청장 당선

2009년에 다시 베이징사무소 수석대표로 가십니다.

실은 당시에 후임들을 위해 자리를 내주는 게 좋겠다는 말이 나왔어요. 오 시장이 말했다고 들었어요. 그 대신에 서울시립대 교수 자리를 제의했다고 했대요.

직접 들으신 거는 아니고요?

저는 아침에 출근해서 신문을 보고 있는데 인사과장이 와서 그렇게 말하더라고요. 그래서 "그만두고 나면 뭐 하냐?"라고 했더니 시립대 교수 이야기를 했던 거죠.

대학교에서도 고위행정실무 커리큘럼이 있을 수 있으니까요.

그래도 그냥 사표를 내고 나왔죠. 그러니까 곧바로 행정지원국장에게서 전화가 왔어요. 오세훈 시장이 혹시 베이징주재관으로 갈 생각이 없는지 물어보라고 했다면서요.

경력자니까 바로 갈 수 있겠네요.

그렇죠. 저는 베이징을 잘 알잖아요. 그래서 바로 '오케이' 했죠. 주재관으로 가도록 발령을 받았어요. 그게 원래는 3년 임기였어요. 그렇게 주재관으로 있는데 이듬해인 2010년에 지방선거가 있었어요. 사람들이 거기에 나가보라는 이야기를 해요. 2010년 초부터 국회의원들이 저를 서울로 오라고 하더라고요. 그래서 만나봤어요. 제일 먼저 만나 본 사람은 저보고 광진구에서 나가보라고 했어요. 제가 건국대학교를 나왔거든요.

연고가 있는 곳에서 출마를 하라고 했네요.

그래서 만나서 면접을 봤지요. 그런데 지역구위원장이랑 사무국장을 만나봤더니 또 이상한 소리를 하더라고요. 그래서 다시 베이징으로 돌아가기로 했어요.

선생님 이력에 보니까 서초구청장으로 당선되었다고 나옵니다.

맞아요. 일단 베이징으로 돌아가려고 했는데 서초구 국회의원이 면접을 보자고 해요. 그때 서초갑이 이혜훈 의원, 서초을이 고승덕 의원이었어요. 그렇게 얘기가 되어서 선거사무소를 열고 준비를 했죠.

다른 쪽에서는 연락이 없었나요?

실은 그때 정몽준 대표한테서 만나자고 전화가 왔어요. 저는 비밀리에 사무소를 열고 서초구 선거를 준비하고 있었거든요.

당시 정몽준 대표는 동작구가 지역구였던 걸로 알고 있습니다.

맞아요. 원래는 울산이었는데 그때 동작구로 왔었지요. 혹시 저를 동작구로 오라고 하는 것이 아닌가 하는 예감이 들어 "왜 보자고 하시는지 여쭤도 됩니까?"라고 했죠. 그랬더니 "내가 당신을 동작구로 영입하려고 한다."라고 해요. 그래서 말했죠. "서초구 의원이 저를 도와줬으니까 서초구에서 나가려고 한다."라고 말이죠. 정 의원도 이해하더라고요. 그렇게 선거를 치러서 서초구청장이 되었어요.

민선5기 구청장 선거였죠?

그렇죠. 좋을 때나, 나쁠 때나, 그게 다 기억이 나요. 운명인가 싶어요.

서초구청장 시절의 소통행정

이번에는 서초구청장 재직 당시에 대해서 질문을 드릴게요. 구청장 재직 시절

내건 모토가 '현장에서 답을 찾겠다.'였습니다. 정치인이 아닌 서울시 출신이라는 게 잘 드러나는 슬로건 같습니다.

네, 맞아요. "보고 듣고 현장에서 즉각 반응"하는 거죠. 그게 현장에 답이 있다는 겁니다. 이게 소통행정이에요. 즉각 반응하는 것이 소통행정의 핵심이죠. 제가 구청장이 된 다음에 2011년 7월 27일이었죠. 새벽에 하늘이 뚫린 것처럼 비가 쏟아졌어요. 그래서 제일 먼저 반포에 갔어요. 거기 반포천 옆에 펌프장을 가봤어요. 예전에 그게 고장 나서 펌핑이 잘 안 된 일이 있었거든요. 종합운동장 쪽에 유수지가 있어요. 평소에는 운동장으로 쓰던 곳인데 비가 거기 모이면 펌프로 퍼내는 거죠. 원래는 기계가 다 자동으로 되는 거였어요. 그런데 펌프장에 낙뢰가 쳐서 정전이 되었어요. 그러면 자동 펌핑이 안 되는 거죠. 그때 새벽에 가서 보니까 관리 직원 1명만 있더라고요. 이 사람이 뛰어다니면서 수동으로 그걸 조작하는 거예요. 2011년 7월 27일 그때 현장에서 제때 대처하지 못했으면 1987년처럼 고속터미널상가가 침수되었을 겁니다.

현장을 알아야 지휘도 하고, 대책도 세우는 거네요.

서울시 한강홍수통제소나 수자원공사 홍수통제소에서 아무리 이야기 해봐야 소용없어요. 현장을 가보지 않으면 무슨 소린지 모르는 거죠. 당시 폭우가 왔었죠. 1시간 동안에 100mm가 쏟아졌어요. 엄청난 비였죠. 계곡마다 산사태가 나고 그랬어요. 그때가 오세훈 시장 때였죠. 제가 구청장으로 취임했던 2010년에도 우면산에 비가 많이 왔어요. 거

2011년 당시 우면산 산사태 복구공사

의 금강산 계곡처럼 되어버렸죠. 자연이 미리미리 예고를 하는 거예요. 갑작스레 사고가 나는 것처럼 보여도요. 빨리 복구할 수 있도록 예산을 마련해야죠. 그런데 그 예산이 늦게 오는 바람에 공사가 지연되었어요. 그때 비가 오니까 공사한 곳은 멀쩡했지만, 아직 안 된 곳이 다 무너지는 거죠.

우면산 산사태가 일어났던 거네요.

맞아요. 그때였죠. 그리고 예술의 전당 밑으로는 터널도 있잖아요. 그것도 문제가 있었어요. 원래는 그걸 예술의 전당 아래로 건설해야 하니까 무진동공법으로 해야 하거든요. 당시 서울시가 우면산을 동서로 지나는 고속도로를 뚫고 있었거든요. 그래서 지표면에서 30m 아래로

터널을 뚫고 나갔어요. 그걸 무진동공법으로 해야만 했는데 공사비를 아낀다고 날림으로 했어요. 그 돈을 아낀다고 4km나 되는 구간을 다이너마이트 폭파공법으로 했거든요. 4km나 되는 길을 다이너마이트로 폭파시켜가면서 공사를 하니까 주변에 집들 기와가 다 떨어졌어요. 산도 흔들렸죠. 그러니까 큰 계곡이 하나 생길 정도였던 거죠.

천재와 인재가 다 얽혀있던 거네요.

그런 거 같아요. 당시 제가 이명박 대통령에게 우면산 일대를 특별재난지역으로 지정·선포해 줄 것과 특별재난지원금을 부탁했어요. 이 대통령은 서울시장 시절에 제가 모셨던 분이었잖아요. 그 밑에 일하던 사람들도 다들 청와대로 갔고요. 그래서 제가 보고를 해서 특별재난지역으로 선포해 줬죠. 1,200억 원이 투입되었어요. 그리고 좀 이따가 박원순 시장이 오잖아요. 제가 그때 설명을 해드렸어요. "시장님, 터널이 지금 산허리를 관통해 지나가고 있습니다. 현장에 가봐야 왜 이런 사태가 벌어졌는지 압니다."라고 말씀드렸어요. 그 전에 그렇게 말해도 아무도 몰랐거든요.

사람들이 현장에 가봐야 답이 나오는 거죠.

그게 정답이죠.

우면산 산사태의 교훈이라면 어떤 게 있을까요?

저지대 상습 침수지역에 건축허가를 할 때는 변전실을 꼭 지상이나 맨 밑바닥에서 1~2m 정도는 높여야 합니다. 지구온난화로 인해 1년 빈도로 시간당 100mm의 호우도 많이 와요. 서울의 저지대 대형 건물이나 아파트 지하주차장이 침수되는 경우도 많아요. 그런데 현행 건축법상의 문제 때문에 지하실의 펌프를 가동하는 변전실이 지하 맨 밑바닥에 설치되어 있죠. 침수되면 정전이 돼요. 펌프도 멈추고 엘리베이터도 중지되죠. 특히 지하실이 막대한 피해를 입습니다. 당시에 건설교통부에서 건축법 개정 건의를 했지만, 아직 시정되고 있지 못하고 있어요. 용적률을 높이기 위해 변전실과 펌프실을 지하 맨 밑에 놓은 것을 막아야 합니다. 예를 들면 상습 침수지역인 방배동의 옛 가야병원 부지에 열린문화센터를 신축할 때에는 변전실을 지상에 설치해서 상습 침수를 막은 바가 있습니다.

네, 오랜 시간 면담해 주셔서 감사합니다. 인터뷰는 이것으로 마치겠습니다.

도판목록

페이지	도판	소장처
022	식수를 받기 위해 길게 늘어선 행렬	상수도사업본부
023	노량진 제1정수장	상수도사업본부
030	확장 공사 중인 구의수원지	서울기록원
039	서울시 고지대 지역의 급수 모습	상수도사업본부
041	수도사업소 민원봉사실을 찾은 양택식 시장	상수도사업본부
042	급수문제를 항의하는 주민들의 시위 모습	서울역사박물관
046	영등포정수장을 시찰하는 양택식 시장	서울기록원
048	공동우물을 사용하는 시민들	상수도사업본부
051	서울 변두리 지역의 급수를 위해 동원되는 급수차	서울역사박물관
052	청계천 공동수도	상수도사업본부
054	신촌보조수원장 낙성식	상수도사업본부
057	보광동수원지 통수식에 참석한 김현옥 시장	서울기록원
058	1970년대 영등포 일대	서울기록원
060	《수도권인구재배치 기본계획》	서울기록원
062	주한 프랑스대사를 접견하는 구자춘 시장	서울기록원
067	1970년대 ADB차관사업 계획서를 요청하는 공문	서울기록원
075	공동수도에서 물지게를 지고 가는 아이들	상수도사업본부
077	수도국 회의 모습	서울기록원
078	상수도 긴급 복구공사 모습	상수도사업본부
082	건설 중인 개포지구 아파트단지 전경	한국토지주택공사
089	1970년대 반포 주공아파트 일대	서울역사박물관
094	김포정수장 통수식	상수도사업본부

페이지	도판	소장처
094	김포정수장을 시찰하는 정상천 시장	상수도사업본부
097	상수도사업본부 현판식	상수도사업본부
100	상수도 경영합리화 실천 결의대회	상수도사업본부
101	수도 배관 공사	상수도사업본부
108	서울상수도기술 세미나	서울사진아카이브
111	우호도시 직원 연수를 위해 초청된 르완다 관계자들	서울사진아카이브
121	지하철1호선 운행 모습	서울기록원
123	구의수원지 공사 모습	상수도사업본부
124	수원지 통수식에 참석한 구자춘 시장	서울기록원
127	수도기술연구소 신청사 준공식	상수도사업본부
129	《1973년도 수도사업특별회계 세입세출결산서》	서울기록원
130	올림픽경기장 건설 현장을 시찰하는 염보현 시장	서울기록원
132	공용수도를 점검하는 양택식 시장	상수도사업본부
134	《1983년도 수도사업특별회계 세입세출 예산서》	서울기록원
136	당시 지어진 상계지구 아파트 전경	서울사진아카이브
138	영등포정수장 기공식에 참석한 김현옥 시장	서울기록원
140	고지대에서 양동이를 가지고 물을 기다리는 시민들	상수도사업본부
143	서울물연구원의 연구보고서	상수도사업본부
153	목동아파트단지 건설 현장	서울기록원
156	청소가 불량한 저수조 내부의 모습	상수도사업본부
159	수질오염대책회의에 참석한 고건 시장	서울기록원
164	수질검사를 위해 현장에서 샘플을 채취하는 모습	상수도사업본부
168	병물 아리수 제조 모습	상수도사업본부

페이지	도판	소장처
176	일본 OECF차관 관련 서류	서울기록원
178	OECF 총재를 접견하는 양택식 시장	서울기록원
195	수질 측정 모습	상수도사업본부
199	지하에서 누수를 탐지하는 모습	상수도사업본부
201	중랑물재생센터	서울연구원
203	유수율을 높이기 위한 정책세미나	상수도사업본부
207	수도행정 자문회의	서울기록원
209	서울시 수질향상을 위한 토론회	상수도사업본부
219	동작구청을 방문한 염보현 시장	서울기록원
221	현재의 상수도사업본부 건물 자리에 있었던 서울시청 제1별관 건물	서울기록원
223	난지도 쓰레기처리공장	서울기록원
225	노후된 아파트를 시찰하는 최병렬 시장	서울시포토앨범
226	남산 백범광장에서 열린 조순 시장 취임식	서울시포토앨범
230	베세토 행사에 참가한 조순 시장	서울시포토앨범
232	고건 시장	서울시포토앨범
234	한강관리사업소	서울시포토앨범
243	중국 쓰촨성 지진 피해 구호를 위해 전달되는 아리수	서울시포토앨범
245	가정집 누수탐지 모습	상수도사업본부
252	누수방지대책 워크숍	상수도사업본부
254	강북정수장 통수식에 참석한 고건 시장	상수도사업본부
259	각 가정의 수도관 누수점검 서비스	상수도사업본부
264	상수도연구원에서의 수질 검사 모습	상수도사업본부
271	2011년 당시 우면산 산사태 복구공사	서울시포토앨범

※ 표기하지 않은 도판은 공공저작물 또는 서울역사편찬원 소장 이미지입니다.

서울역사구술자료집 17

서울 물 만드는 사람들의 숨은 이야기

서울시 상수도 공무원들의 회고

발 행 인 서울역사편찬원장 이상배
발 행 처 서울역사편찬원(history.seoul.go.kr)
서울시 송파구 올림픽로 424 올림픽공원(02-413-9622)
기획·편집 박명호(시사편찬과장), 류상진
발 행 일 2023년 10월 31일
판 매 가 10,000원
편집·인쇄 (주)에이엔피리질리언트(031-955-9202)
사진촬영 스튜디오 수포토

발간등록번호 51-6113542-000098-01
ISBN 979-11-6071-176-9 (04910)
978-89-94033-11-2 (세트)